ある資産家の 相続

税理士事務所 スタッフは見た!

税理士 高山 弥生 著

税務研究会出版局

はじめに

　税理士事務所の典型的なビジネスは所得税や法人税、消費税等の申告代理です。これらの税目の申告書を作成したことがない税理士は非常にまれでしょうが、相続税申告の経験がないという税理士は実際にいます。なぜでしょうか？

　令和元年に亡くなった日本人は 138 万 1,093 人であり、このうち相続税の申告を必要とする人は 8.3%の 11 万 5,000 人ほどです。税理士は令和 3 年 1 月末日現在 79,265 人ですから、単純計算で税理士が 1 年間に作成する相続税の申告書は平均 1.5 件未満となります。

　相続税申告は額が大きくなることが多く、リスクを伴います。そのため、自分の顧客に相続が発生した場合、相続を得意としている仲間の税理士に依頼することが多々ありますし、相続税申告を請け負っている税理士事務所の中でも、専門スタッフがいて、他のスタッフは相続税申告をしたことがないということもあります。

　だからといって税理士事務所スタッフに相続税の知識がなくていいとは言えないでしょう。個人事業主であろうと法人の社長であろうと自分が亡くなった場合、残された家族に相続税が発生するのか気になるところですから質問があるかもしれません。実際に関与先に相続が発生した場合、自分で相続税の申告を手掛けなくても、申告担当者へスムーズに引き継ぐためには相続税の知識が不可欠です。

　前著 2 冊と同様、梅沢先輩が後輩 2 人に語り掛ける会話形式としていますので、相続税に触れたことがない方でも読みやすいと思います。ぜひ本書をお読みいただき、相続税に親しみを感じていただけたらと思います。

　今回も執筆にあたりたくさんの方にご支援いただきました。

　本書の企画に全面的なサポートをしていただいた税務研究会出版局の加島太郎様、田中真裕美様、企画の段階から相談に乗っていただいた税理士の花島恵様、社会保険労務士・行政書士の徳永潤子様、可愛いイラストを描いてくださったイラストレーターの夏乃まつり様、アドバイスをいただいた税理士の山田誠一朗様、税理士の吉羽恵介様、税理士の山中朋文様、お忙しい中本当にありがとうございました。

　資産税の面白さを教えてくださった小口守義先生、故山田邦昭先生に心から感謝を申し上げたいと思います。

　尊敬する税理士の一人であり、夫である村田顕吉朗、あなたの公私に渡る全面

的なサポートのおかげでこの本を書き上げることができました。いつもありがと
う。

　この本を読んでくださった皆様が、相続税を少しでも身近に感じられるように
なりますように。

令和3年2月

税理士　高山　弥生

キャラクター紹介

松木 ひとみ

26歳。大学卒業後、一般企業に勤めていたが、税理士を志し、山田税理士事務所に入所。大学時代に簿記を勉強していたこともあり、一般企業で働きながら簿記論と財務諸表論に合格した頑張り屋さん。

竹橋 ふみや

26歳。大学の経営学部を卒業した後、アルバイトをしながら勉強し、簿記論、財務諸表論、消費税法・相続税法に合格している。頭は良いが、ときどき本音が出てしまう。

梅沢 みきひさ

44歳。税理士になって15年以上のベテラン税理士。松木さんと竹橋くんの教育係。

目　次

贈与税の非課税制度／23歳以上の習い事費用は除外／受贈者が30歳を超えても学校に通学中なら継続して非課税／もともと教育資金は「非課税」／養育費の一括渡しも贈与税／こんなものも贈与です／母親の借地している底地を子どもが買い取ると？

本書は、令和3年2月1日現在の法令に基づいています。
また、文中の意見部分は私見が含まれます。

文中の前著①、前著②は、以下の書籍を指します。
前著①……「税理士事務所に入って3年以内に読む本」（税務研究会出版局）
前著②……「税理士事務所スタッフが社長と話せるようになる本」（税務研究会出版局）

第 ① 章

相続発生！

何から手を付ければいいの？

1.おじいちゃん、死す

・・・・・・・・・・・・・・ 葬式費用おろして！ ・・・・・・・・・・・・・・

あれ、H家の涼子さんから電話だ。
普段、月次訪問以外ほとんど連絡はないのだけれど……。

梅沢先輩

涼子さん

もしもし？ 梅沢さん？ おじいちゃんが！
おじいちゃんが！ 施設から電話があって、心肺停止だって！

はい？？？
先月お伺いしたとき、あと10年は元気だなんて笑ってたのに。

たぶんもうダメかも。今病院に向かってるの！

涼子さん、病院から帰ったら、まず農協さんにそのこと言わな
いで、いつものふりしておじいちゃんの預金おろして！ 農協
さんに『おじいちゃん元気ですか』なんて聞かれてもほんとの
こと答えちゃダメですよ！ たまに金融機関はそういうジャブ
入れてくるから。
ともかく、葬式費用おろして！！！

それと、葬式で隣組なんかに渡した寸志とか、領収書の出ない
支出も必ずメモしておいてくださいよ。葬式費用で相続財産か
ら引けますからね。

竹橋くん

先輩、こんな状態のときにすごいアドバイスですね

ははは 💧 おじいちゃん、老人ホームに入居していたけれど、元気だったのになあ……。

・・・・・・・・・・・・・ 「相続が発生する」とは ・・・・・・・・・・・・・

相続が発生した場合に、まずやるべきことは**葬式費用・生活費の確保、公共料金等の引き落とし口座の変更。**

松木さん

相続が発生？

人が亡くなることだよ。

そう、人が亡くなって財産の移転が起こること。

それを相続が発生する、と言うのですね。

金融機関は口座名義の方に相続が発生したことを知ると、口座を凍結する。預金を引き出せなくなるし、引き落としもできなくなるから電気、水道が止められてしまう。

え、それは大変 💧

資産家は特に、相続税対策として被相続人となる人が一家の生活費を負担していることが多いから、相続人は当面の生活費を確保する必要があるんだ。

?

被相続人となる人の財産を少しでも減らすためだよ。

・・・・・・・・・・・・・・・　**被相続人？　相続人？**　・・・・・・・・・・・・・・・

私、被相続人と相続人がごっちゃになってしまいます。

相続人が生きてる方だよ。

生きてる方か、確かにそうなんだけどストレートだね（苦笑）。
相続人は財産を引き継ぐ権利のある人だよ。

「相続」って言葉に引っ張られて、どっちかわからなくなって
しまって。

被、という言葉は受け身を表すでしょ？　だから、被相続人は
相続される人、つまり亡くなった方と覚えるといいかな。

相続人………財産を引き継ぐ権利のある人。
被相続人……財産を引き継がれる側の人。亡くなった人。

・・・・・・・・・・・ **相続申告までのスケジュール** ・・・・・・・・・・・

あのあと、涼子さんから連絡がきて……やっぱりおじいちゃん亡くなったそうだよ。葬儀の会場が決まったから、ここにお花を手配してもらえる？

承知しました。

H家は都市近郊農家で、15年ほど前からアパート経営もしている。さっき電話をくれた涼子さんは被相続人であるおじいちゃんの長男のお嫁さん。おじいちゃんの長男は17年前に亡くなっている。

・・・・・ **相続開始から相続税申告までのスケジュール** ・・・・・

相続開始から相続税申告までのスケジュールはこんな感じだよ。

相続開始？

相続発生と同じ意味だよ。被相続人が亡くなったこと。相続開始日は亡くなった日のこと。人が亡くなって財産の移転が起こることを相続開始とか相続発生というんだ。

相続開始・相続発生……人が亡くなって財産の移転が起こること

相続開始から相続税申告までのスケジュール

- ・相続開始（被相続人の死亡）
- ・死亡届の提出（7日以内）
- ・葬儀
- ・四十九日の法要（神式は五十日祭）
- ・相続人の確認
- ・遺言書の有無の確認
- ・相続開始前3年以内暦年課税贈与の確認
- ・相続時精算課税制度適用者の有無の確認
- ・未成年者の特別代理人の選定
- ・土地を売却する場合、不動産会社へ連絡
- ・特例農地等の納税猶予の手続き（土地・人の証明）
- ・相続の放棄又は限定承認（3か月以内）
- ・準確定申告（4か月以内）
- ・根抵当の設定された物件の登記（6か月以内）
- ・遺産分割協議書作成
- ・遺産分け、名義変更手続き、相続登記の実行
- ・相続税の申告及び納税・贈与税の申告及び納税（相続開始から10か月以内）

申告期限は相続開始があったことを知った日の翌日から10か月以内

相続税の申告期限は被相続人が死亡したことを知った日の翌日から10か月以内。令和2年3月23日におじいちゃんは亡くなったから、令和3年の1月23日が申告期限だよ。10か月後の同じ日と覚えればいい。応当日というよ。

あ、でも令和3年の1月23日は土曜日ですよ。

相続税法第27条に「相続の開始があつたことを知つた日の翌日から10月以内」とあるので期間だから、これは延長ありですね（国税通則法第10条第2項）。

そうか（前著①95頁参照）、それなら25日の月曜日が期限だね。

相続があったことを知った日、というのは亡くなった日そのものではないということですか？

そうだね。通信ネットワークの発展した現代で亡くなったことを知らされないということはほとんどないけれど、ないわけじゃないんだ。たとえば小さい頃に両親が離婚して片方の親とは音信不通とか。

その場合はどうなるんですか？

通知を受けた日の翌日から10か月以内になるよ。ただし、通常は相続開始を知ったのは亡くなった日と判定されるから、亡くなった日ではないことを証明できるものが欲しいなあ。

たとえば？

音信不通の父親に借金があって、父親が死亡後、何か月も経って債権者から手紙が届いたケースでは、亡くなったことを知った時期の証拠としてその手紙が役に立ったよ。

・・・・・・・・・・ **贈与税の申告期限も10か月以内** ・・・・・・・・・・

被相続人が贈与を受けていることもある。その場合、申告期限は相続税と同じになるよ（相続税法第27条第2項、第28条第2項第1号）。

・・・・・・・・・　葬儀に出席するか、事務所に確認　・・・・・・・・

葬儀は結婚式と重なったら葬儀を優先すべきと言われるくらい大切なもの。ビジネス上のお付き合いの場合、告別式ではなくお通夜で失礼することも多いけど、もし連絡を受けたら、どちらかは行けるようにしたいね。

 今生の別れですものね。

お客様に相続が発生したらすぐに所長に報告。所長のスケジュール調整、お花や香典の手配をする必要があるからね。

・・・・・・・・・・・・・・・　確認すべきこと　・・・・・・・・・・・・・・・

相続人が誰なのか、何人いるのか、遺言書があるかを確認することと、相続開始前3年以内の暦年贈与と相続時精算課税制度適用者の有無の確認、これらは最初にしておきたい事項だね。

・・・・・・・・・・・・・　贈与の方法は2つ　・・・・・・・・・・・・・

 すみません、わからない言葉がたくさん出てきて、レキネンゾウヨ？　ソウゾクジ……？

贈与税の課税方法は「暦年課税」と「相続時精算課税」の2つがある。

> 暦年課税……1人の人が1月1日から12月31日までの1年間にもらった財産から基礎控除額の110万円を差し引いた額に対して贈与税が課税される。1年間にもらった財産が110万円以下なら贈与税はかからない。
>
> 相続時精算課税……「相続時精算課税」を選択した贈与者ごとにその年の1月1日から12月31日までの1年間に贈与を受けた財産の合計額から2,500万円の特別控除額を控除した残額に対して贈与税が課税される（詳しくは83頁・244頁参照）。

相続税は基本的に被相続人が亡くなったときに所有していた財産に対して課税されるものだけれど、一定の贈与していた財産については相続財産に含めて相続税を計算することになっている。

暦年課税は相続開始前3年以内贈与分、相続時精算課税で贈与された財産は全部を相続税の課税価格に加算する必要がある。

 どうして、生前にあげたものを相続財産に含める必要があるんですか？

・・・・・・・・・・・・・・・・ 贈与税の役割 ・・・・・・・・・・・・・・・・

贈与税は相続税の補完税としての役割を持っているからだよ。

 補完税？

相続税の負担から逃れるために生前に財産を全部贈与してしまえば相続税は発生しないでしょ？
それを防止するために高い税率の贈与税があるんだ。

なるほど。

この趣旨から考えると本来、課税された贈与税は、贈与者の相続開始に係る相続税の課税上精算される必要がある。だから生前贈与財産を相続財産に足し戻して相続税を計算する。

現行法では、被相続人が生涯において相続時精算課税にて贈与した財産は全部を足し戻すけれど、被相続人が暦年課税で贈与した財産は相続開始前3年以内の財産に限定されているよ。

誕生　　　　　　　　　　　　　　　　　　　　　相続発生

相続開始3年以内の暦年贈与財産1,000万円

相続時精算課税による贈与財産2,000万円

相続発生時の財産
1億円

相続税課税価格は
1億円＋1,000万円＋2,000万円＝1億3,000万円

もし、被相続人が相続開始前3年以内に暦年贈与1,000万円と、相続時精算課税で贈与を2,000万円行っていて、相続開始時に1億円の財産を持っていた場合、1億3,000万円が相続税の課税価格となってくる。

生前の贈与を見落としたら相続税額が狂ってしまいますね。

ここはしっかり確認しておきたいところだね。

未成年者の相続人

父親が亡くなって、相続人が未成年者と母親だったとすると、親権を持つ母とその子の利益が相反するから特別代理人を選任する必要がある。

利益が相反する？

母親が子の代理人として遺産分割協議をできるとしてしまったら、母親が自分だけで財産全部を相続することもできるからね。

なるほど。

特別代理人の選任は家庭裁判所に申立てが必要で、審判結果の通知がされるまで約1か月かかるからこれも早めに動きたい。

相続が発生すると悲しんでいる暇もないなあ。

不動産会社への相見積りは早めに

H家はかなりの土地持ちだけど、金融資産が少ないから納税するには土地を売るしかない。納税のために土地を売却する場合、不動産会社に相見積りを取る必要がある。

相見積り？　1社ではダメなんですか？

相続でお金が必要だとわかると足元を見られることがあるんだ。相見積りを取って、なるべく高く買ってくれるところを探したいから早めに動かないと。

·············· 特例農地等の納税猶予の証明書 ··············

農地分の税金は、要件を満たせば納税猶予が受けられるよ。相続人が相続後、生涯農業を続ければ猶与された税額は免除される。納税猶予を受けるときには「農業相続人であること」と「農地であること」の証明が必要。

農業相続人であること……「相続税の納税猶予に関する適格者証明書」
農地であること…………「納税猶予の特例適用の農地等該当証明書」

農業相続人であることの証明は農業委員会にしてもらうんだけど、このときに農業を継ぐ人が農地を相続することを明らかにするために遺産分割協議書が必要なんだ。

 遺産分割協議書？

 遺産分割協議書は誰がどの財産を相続するか合意に至った内容を記した書類だよ。

農業委員会の証明はちょっと時間がかかる。たとえば、さいたま市だと5日までの受付で次月の16日以降に「相続税の納税猶予に関する適格者証明書」が発行される。土日とか盆暮れとかは日程が狂うことがあるよ。

うわ、ほぼ2か月かかると思っていた方がいいですね。

申告期限までに適格者証明書が間に合わない場合、農業委員会に申請していることを証明する「受付済証明書」を発行してくれるので、農業委員会に依頼するといいよ。

でも、できれば申告期限内に間に合わせたいですよね。

そうだね、だから早めに動きたいところ。農地であることの証明は「納税猶予の特例適用の農地等該当証明書」という名前で、市区町村が発行してくれるよ。これはさほど時間はかからない。

・・・・・・・・・・・・・・・ 相続の放棄、限定承認 ・・・・・・・・・・・・・・・

財産を相続したくない場合の救済措置が「放棄」と「限定承認」。

放棄？

相続の開始があったことを知ったときから3か月以内に「財産はいりません」と裁判所で手続きをすることだよ。

そんな奇特な人いるのかしら。

財産には預金や不動産のようなプラスの財産もあれば、借金のようなマイナスの財産もある。親の作った借金を子どもに有無を言わせず背負わせるのはかわいそうでしょ。

そうですね🎵　相続人が選べるようになっているのですね。

・・・・・・・・・・・・・・・・　**単純承認と限定承認**　・・・・・・・・・・・・・・・・

 あと、限定承認ってなんですか？

 財産を受け継ぐ方法だよ。受け継ぎ方は2つある。

> 単純承認……プラスの財産、マイナスの財産どちらも引き継ぐ
> 限定承認……プラスの財産の範囲内でマイナスの財産を引き継ぐ

 単純承認はわかりますけど、
限定承認のイメージがわかないです。

 限定承認をするとマイナスの財産がプラスの財産を上回った分は相続しなくて済むんだ。被相続人の借金がいくらあるかわからないけれど自宅を相続したい、という場合とかかな。

 自宅よりも多い借金があっても、多い分は背負わなくていいということですね。

 自宅と同じだけの借金を背負うから、大変は大変だなあ。

 放棄も限定承認も相続の開始があったことを知ったときから3か月以内に家庭裁判所に申請が必要なので、あまり時間の猶予はない。早めに決断する必要があるよ。

・・・・・・・・・・・・・・・・・・・ 準確定申告 ・・・・・・・・・・・・・・・・・・・

被相続人に**準確定申告**が必要なこともある。これは相続の開始があったことを知った日の翌日から4か月以内。いつもの確定申告と違って、各種の控除証明や年金の源泉徴収票を発行先に請求しなきゃいけないから手間がかかるんだよ。

 ほんっとにタイトスケジュール🎵

それと並行してやっておきたいのが、被相続人が事業をしていた場合、被相続人・相続人ともに**「個人事業の開業・廃業等届出書」**の提出と、相続人の**「所得税の青色申告承認申請書」**の提出。

 亡くなった人も「個人事業の開業・廃業等届出書」を出すんですか？

そうだよ。被相続人が消費税課税事業者だったら、消費税の**「個人事業者の死亡届出書」**も提出する。

準確定申告をしたって、税務署の管理運営部門には亡くなったことが通知されないから、被相続人が源泉徴収義務者だったら源泉の納付がありません、と連絡してきちゃうからね。

 縦割りだな～。

‥‥‥‥‥‥‥‥‥‥　減価償却資産の注意点　‥‥‥‥‥‥‥‥

 相続人の開業日は被相続人の亡くなった日ですか？それとも次の日？

 それは亡くなった日だね。1日被ってOKだよ。ちょっと蛇足かもしれないけど、相続があった年の減価償却は、相続人と被相続人の償却月数を合計すると13か月になる。

 被相続人も、相続人も亡くなった日のある月に償却費を計上するからですね。

 そう。**減価償却方法は引き継がないけれど、取得価額と取得年月日は被相続人のものを引き継ぐ**よ。

 減価償却方法は個人個人が届出を出して選ぶものですもんね。

‥‥‥‥‥‥‥‥‥‥　相続人の届出　‥‥‥‥‥‥‥‥‥‥

 あと大切なのは……相続人の青色申告承認申請書は被相続人がいつ亡くなったかで提出期限が変わる。

	区分	青色申告承認申請書の提出期限
(1)	原則	青色申告の承認を受けようとする年の 3 月 15 日
(2)	新規開業した場合（その年の 1 月 16 日以後に新規に業務を開始した場合）	業務を開始した日から2 か月以内
(3)	被相続人が白色申告者の場合（その年の 1 月 16 日以後に業務を承継した場合）	業務を承継した日から2 か月以内
(4)	被相続人が青色申告者の場合（死亡の日がその年の 1 月 1 日から 8 月 31 日）	死亡の日から 4 か月以内
(5)	被相続人が青色申告者の場合（死亡の日がその年の 9 月 1 日から 10 月 31 日）	その年の 12 月 31 日
(6)	被相続人が青色申告者の場合（死亡の日がその年の 11 月 1 日から 12 月 31 日）	翌年 2 月 15 日

 相続人の青色申告承認申請書の提出は、相続開始から 4 か月以内かと思ってた 💦

 相続人がすでに事業をしていて白色申告をしている場合、原則通りその年の 3 月 15 日まで、となるよ。

 亡くなったのが 3 月 16 日だと、すでに何らかの事業をしていて白色申告している相続人はその年の青色申告はできないんですね。

相続人の消費税

消費税も気を付けたい。相続があった年は被相続人の基準期間の課税売上高が 1,000 万円を超えていれば、相続人の基準期間の課税売上高が 1,000 万円以下でも**相続のあった日の翌日から 12 月 31 日までの納税義務は免除されないし**（消費税法第 10 条第 1 項）、翌年、翌々年は相続人と被相続人の課税売上高を合計して納税義務の判定をする。

ああ、なんか勉強した記憶があるなあ……。その他にも**被相続人が簡易課税でも相続人は引き継がないから届出を出さなきゃいけない**とかありましたね。準確定申告も落とし穴がいろいろあるなあ。

相続人の確定申告

まだあるよ。不動産の賃料は分割協議で誰が賃貸物件を相続するか決まるまでは、法定相続分で各々の相続人が申告する必要があるんだ。相続人が子ども 5 人なら 5 分割。

ええ！　めんどくさい🎵

実務上は、相続開始日（亡くなった日）に遡って、賃貸物件を相続した人の所得として全額申告してしまうことも多い。税務署的には、誰かの所得として計上されていれば深追いしないみたいだね。

あら、そうなんですか。

一人の人に寄せて申告するということは、高い税率が課せられていることが多い。トータルでみれば税収で損はしていないからだろうね。

準確定申告は他にも論点がたくさんある。準確定申告用の本を持っていた方がいいね。

·········· 根抵当の設定された物件の登記 ··········

事業をしている場合、自宅敷地などに根抵当権（前著② 57 頁参照）がついている場合がある。根抵当権は相続開始から 6 か月以内に登記をしないと、根抵当の元本が確定し通常の抵当権となってしまう。根抵当権がある場合、すぐに金融機関に連絡する必要がある。

 通常の抵当権になる、ということは何度も借りたり返したりができなくなっちゃうのか。それは不便になっちゃうから困るな。

·········· 相続人に用意してもらう資料 ··········

被相続人………戸籍謄本、除籍謄本、改正原戸籍謄本、住民票除票
相続人…………戸籍謄本、印鑑証明書、住民票
あれば便利……法定相続情報一覧図の写し

被相続人の戸籍は生まれてから亡くなったときまですべての戸籍が必要。誰が相続人かを確定するのはこの戸籍で行う。相続開始の日から 10 日を経過した日以後に作成されたものを取得するよ。相続人は現在の戸籍のみ。

戸籍ってどこで取得するんですか？

市区町村の窓口で取得することができるけど、郵送でも可能。申請書は市区町村のホームページにあるし、委任状があれば親族でなくても取得できる。除籍謄本、改正原戸籍謄本は1通750円、戸籍謄本は1通450円。

高っ！

そうなんだよ。亡くなった方と同じ戸籍にいる相続人の分は再度取得する必要はないから、必要な分だけ取得しないとね。
戸籍は委任状があれば僕たちでも取得できるよ。

戸籍って委任状があれば他人でも取得できるんですね。

税理士は「戸籍謄本・住民票の写し等職務上請求書」を請求時に提出すれば本人の委任状なしで取得できる。この職務上請求書は税理士協同組合で売っている。急いでいるときは職務上請求書で取得するから言ってね。

・・・・・・・・・・・・・・・・　法定相続情報一覧図　・・・・・・・・・・・・・・・・

法定相続情報一覧図とは？

相続人または資格者代理人が「法定相続情報一覧図」を作成して法務局に申し出ると法務局が認証してくれて、法定相続情報一覧図の写しを交付してくれる。

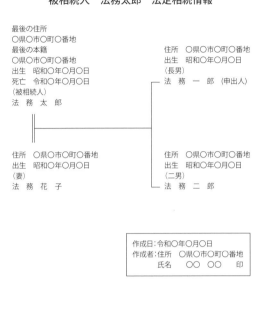

被相続人　法務太郎　法定相続情報

最後の住所
○県○市○町○番地
最後の本籍
○県○市○町○番地
出生　昭和○年○月○日
死亡　令和○年○月○日
（被相続人）
法 務 太 郎

住所　○県○市○町○番地
出生　昭和○年○月○日
（長男）
法 務 一 郎　（申出人）

住所　○県○市○町○番地
出生　昭和○年○月○日
（妻）
法 務 花 子

住所　○県○市○町○番地
出生　昭和○年○月○日
（二男）
法 務 二 郎

作成日：令和○年○月○日
作成者：住所　○県○市○町○番地
　　　　氏名　　○○　○○　　印

必ず必要なものですか？

必ずではないよ。被相続人がたくさん口座を持っていたりすると、戸籍謄本の束と分割協議書を金融機関に提出し、戸籍謄本の束を返してもらって次の金融機関へ……と時間がかかる。

法定相続情報一覧図の写しを用意すれば同時進行が可能だし、相続登記や相続税の申告書にも戸籍の束の代わりに添付することができて便利なんだ。無料で発行してもらえるのも嬉しいよね。

戸籍を何通も取得しなくてよくなる上に無料ならお得ですね。

・・・・・・・　分割協議書は何通でも作ることができる　・・・・・・・

戸籍の束はいらないといっても、金融機関には遺産分割協議書
も提出するから、同時進行は無理なんじゃないかな？

**遺産分割協議書は何通でも作れる。しかも、財産を小分けに記
載することも可能。**だから、先に分割が決まったものだけ遺産
分割協議書を作成することもできる。

え、知らなかった。

資産家で他の金融機関との取引を知られたくない場合は、金融
機関ごとに遺産分割協議書を作成したり、農地の納税猶予を受
ける場合には急ぐ必要があるから農地だけ先に遺産分割協議書
を作成したりすることもあるよ。

2.遺言はある？

遺言の種類

H家のおじいちゃんは遺言を書いているんだ。

いごん……ゆいごん？

弁護士さんのような法律関係者は「いごん」と読むね。僕も法律関係者と話す時や事務所内では「いごん」と読むけれど、お客様にはわかりやすいように「ゆいごん」だね。

[遺言の種類]

自筆証書遺言……家庭裁判所の検認が必要。遺言の存在自体が認識されない危険性がある。内容の有効性に疑問あり。
公正証書遺言……内容の有効性が問題になることはまずない。平成元年以降に作成したものであれば、全国どの公証役場でも公正証書遺言の有無の確認が可能。証人が必要。
秘密証書遺言……家庭裁判所の検認が必要。遺言の存在自体は明らかになるが、内容は秘密にできる。内容の有効性に疑問あり。証人が必要。

実は、H家のおじいちゃんは再婚で、前妻との間に子どもが1人いるんだ。さらに、家族は知らないけれど、非嫡出子、つまり婚外子がいる。

非嫡出子、って、愛人との間の子ですよね！
なんで先輩が知ってるんですか？

おじいちゃんの遺言作成を手伝ったんだよ。おじいちゃんはその婚外子のことを家族に言えてなくて。遺言にそれを書いたんだ。

 ひゃー！

 ドラマみたい

僕も打ち明けられたときはちょっと動揺したよ。おじいちゃんはロマンスグレーで、若い頃なんて俳優さんみたいだったからモテたんだよ。

 じゃあ、遺言で家族のみなさんは婚外子の存在を知るわけですね。

そうなんだよね。
家族にどうやって話すか、涼子さんと相談しないと。

・・・・・・・・・・・・　自筆証書遺言と秘密証書遺言　・・・・・・・・・・・・

自筆証書遺言および秘密証書遺言は見つけても開封してはダメ。

 開けちゃいけないって、どうしてですか？

相続開始後に家庭裁判所で検認を受ける必要があるんだ。

手続きが必要なんですね。

相続税の申告をはじめとする相続手続きには、この検認を受けたことの証明である「検認済証明書」が添付された遺言書のコピーを使う。

自筆……というとパソコンはダメなんですか？

財産目録はパソコンでの作成が OK になったけれど、それ以外は自筆じゃないとダメ。代筆も不可。

税理士試験みたいに修正液を使えますか？

いや、修正液はダメだし、訂正方法も決まっているよ。今までは書いた遺言を自分で保管だったけれど、令和 2 年 7 月 10 日から法務局で自筆証書遺言を保管してくれる制度ができた。

紛失しそうだし、預けたほうがいいな。
しかし、パソコンがダメって大変ですね。

……… パソコンで作成したいなら秘密証書遺言 ………

パソコンで作成したいなら秘密証書遺言かな。遺言の内容を秘密にしたまま、公証人に遺言の存在を証明してもらえるのがメリット。

内容は秘密で存在だけ明らかにしたいのか……
家族が仲悪かったりすると、そういうケースもあるのかな。

秘密証書遺言は、公証人は遺言の内容にはノータッチだから遺言自体が無効になってしまう恐れがある。さらに、遺言を公証人は保管しないから作成者が保管して紛失の恐れもある。もし、遺言作成のサポート業務を依頼されたら税理士事務所としてはおすすめしないね。

令和2年7月から自筆証書遺言は法務局で保管してもらえるんですよね。なんだか秘密証書遺言の存在価値ってあるのかな。

秘密証書遺言はパソコンでもOKとされているけれど、もし、証人が証人になる資格がなかったといったような秘密証書遺言としての要件を満たさなくても、自筆で書いておけば自筆証書遺言として認められる可能性があるからパソコンでの作成はおすすめできない。ますます竹橋くんの言う通りだよね。

・・・・・・・・・・・・　おすすめは公正証書遺言　・・・・・・・・・・・・

税理士事務所としておすすめすべきは公正証書遺言。公正証書遺言は遺言の内容の趣旨を伝えれば公証人が遺言を作成してくれるので、要件不備によって遺言自体が無効になることはまずないと言っていい。おじいちゃんも公正証書遺言にしたよ。

保管は？

公正証書遺言の原本は作成した公証役場で保管される。相続税の申告などの手続きには公正証書遺言（正本・謄本）のコピーを使う。

公正証書遺言が一番良さそうですね。

 デメリットとしては秘密証書遺言もそうだけど、証人が2人必要というところかな。あとは、財産額に応じて公証人の手数料額が変わるので他の方法と比べて費用負担が大きくなるけれど、遺言が無効になることを考えたら必要経費だと思うよ。

・・・・・・・・・・・ **遺言に入れておきたい一文** ・・・・・・・・・・・

 遺言を書くときに盛り込みたい文言があってね。

「〇〇を遺言執行者に指定する」

・・・・・・・・・・・・・・・ **遺言執行者とは** ・・・・・・・・・・・・・・・

 遺言執行者、って何ですか？

 被相続人の遺志を実現することを職務とし、その職務に必要な範囲内で相続人や受遺者の代理人としても行動することができる権限をもつ人だよ。遺言者が指定することができる。僕はおじいちゃんの遺言執行者に指定されているんだ。

 先輩がなれるということは、親族でなくてもなれるのですか？

 未成年者、破産者でない限り遺言執行者になることができるよ。

・・・・・・・・・・・　遺言による非嫡出子の認知　・・・・・・・・・・・

遺言で非嫡出子の認知をしたい場合は遺言執行者が必ず必要で、遺言で指定されていなかったら家庭裁判所で選任の手続きをする必要がある。

母親の場合、出産したことによって非嫡出子との親子関係は確定するけど、父親は認知しないと親子関係は確定しないから、父親は認知が必要なんだよね。

だからおじいちゃんは遺言を書いて、先輩を遺言執行者に指定したんですね。

・・・・・　不動産の遺贈には遺言執行者がいた方がいい　・・・・・

遺言執行者を指定しなくてもいいけれど、してあった方がいいケースとしては、相続人以外の人に不動産を遺贈する場合とかかな。

イゾウ？

遺贈は、遺言で財産を渡すことだよ。
相続人以外に財産を渡したいなら遺贈するんだ。

遺贈の登記は、受遺者（もらう人）が登記権利者、相続人全員が登記義務者として行われる。受遺者が相続人以外だと相続人が協力しない可能性もあるでしょ？　遺言執行者が登記を代行すれば相続人が協力しなくても登記できる。

遺言は元気なうちに

遺言は認知症が進んでしまうと公証人が遺言の作成を拒否したり、医師の診断書を要求することもある。遺言者が認知症の場合、後々遺言書の有効性が争われる可能性があるから元気なうちに書いたほうがいい。

遺言 VS 遺産分割協議書

遺言がある場合、必ず遺言通りに遺産を分割しないといけないのですか？

基本的に遺言に従って分割するけれど、**相続人全員がこの遺言とは違う分割にしようと合意ができれば遺言に従わず、分割協議で遺産を分割できる**よ。

相続人間で意見がまとまらなくて、遺言で分けるしかない場合、納得いかなくても泣き寝入り？

遺言が遺留分を侵害していれば話は別だね。

あ、遺留分侵害額請求か。

イリュウブンシンガイガクセイキュウ？

まず、遺留分はわかる？

いえ🍫

⋯⋯⋯⋯⋯⋯⋯ 遺留分とは ⋯⋯⋯⋯⋯⋯⋯

遺留分は、一定の範囲の法定相続人に認められる、最低限の遺産取得分のことだよ。たとえ遺言書に「財産を全部愛人にあげる」と書かれていても、配偶者や子どもは愛人に財産をよこせと請求する権利がある。これを「遺留分侵害額請求権」というんだ。

遺言で財産をもらえないことになっていても請求できるんですね。

遺言での完全自由な財産の処分を認めてしまったら、財産がもらえると思っていた相続人の期待があまりに裏切られてしまうから、遺留分を侵害する遺言書があった場合に財産を請求できる「遺留分侵害額請求」をする権利を民法は認めている。

遺留分はどのくらいですか？

遺留分は直系尊属のみが相続人である場合は被相続人の財産の1/3、それ以外の場合は被相続人の財産の1/2。兄弟姉妹はなし。

遺留分の割合

相続人の組み合わせ	遺留分	各人の遺留分
配偶者と子	1/2	配偶者 1/4、子 1/4
配偶者と直系尊属	1/2	配偶者 2/6、直系尊属 1/6
配偶者と兄弟姉妹	1/2	配偶者 1/2、兄弟姉妹 なし
配偶者のみ	1/2	配偶者 1/2
子のみ	1/2	子 1/2
直系専属のみ	1/3	直系尊属 1/3
兄弟姉妹のみ	なし	なし

※子や直系尊属が複数人いる場合は、「各人の遺留分の割合」をその人数で
　均等に分けます。

例えば、おじいちゃんが愛人に財産全部を遺贈すると書いてい
たら、相続人は愛人に遺留分を請求できる。

 この場合、申告ってどうなるんですか？

遺留分侵害額請求して合意に至らず申告期限がきたなら愛人が
全部相続として申告して、後日和解が成立したら 4 か月以内に
愛人は更正の請求（相続税法第 32 条第 1 項第 3 号）。

相続人は期限後申告だね。この場合、延滞税、加算税はかから
ない（相続税法第 51 条第 2 項第 2 号ハ）。

 どうして延滞税、加算税はかからないんですか？

相続税の計算基礎となる権利関係の変動は、期限内申告書の提出がなかった場合の正当な理由として認められるからだよ（国税通則法第66条第1項ただし書き）。

民法改正により遺留分減殺請求権から 遺留分侵害額請求権へ

この遺留分侵害額請求権は民法が改正されて制度が変わったんだ。改正前は**遺留分減殺請求権**だった。

 「減殺」が「侵害」に代わって「額」が追加された？

そう。**改正前だと遺留分権利者は返還される財産を選べなかったんだ。**不動産が相続財産なら、共有状態になってしまう。

 うわ、愛人と不動産を共有なんてやだな。

そこで、令和元年7月1日からは金銭請求に一本化されたよ。

遺産分割協議書に入れておきたい一文

預金を相続するとき、1/2で分けるとして端数が3円だったら1円余ってしまう。この端数を誰が相続するかを決めておくと金融機関での処理がスムーズだよ。**「端数が生じたときは○○が相続する」**、と入れておくんだ。

あと、もう一文あってね。

この分割協議書に記載されていない財産又は債務は○○が相続又は承継する。

この文を「落穂拾い」と呼ぶ人もいるよ。
そんな名前の絵画があるよね。

落穂拾い……ミレーの「落穂拾い」ですか？

おそらくそれにかけているんだね。被相続人の財産を洗い出して、これで全部と思ってもあとでひょっこり出てくることもある。そんなときに、再度分割協議をする必要もない。

取りこぼしを拾うための文だから落穂拾いか。

相続人間の仲が悪い場合は入れられないだろうし、あまりにも多額の財産が出てきた場合には入れても再度分割協議をした方がいいだろうけど、少額の場合はこんな一文を入れておくと便利だよ。

第 2 章

相続人は誰？

1.誰が相続人になるのか

‥‥‥‥‥‥‥‥‥‥‥‥　戸籍を読む　‥‥‥‥‥‥‥‥‥‥‥‥

まずは相続人が誰か、を確定しなくちゃ始まらない。それには取り寄せた戸籍を見るんだけど。涼子さんが取ってきてくれた戸籍を見てみようか。

あら、手書きのものもある……。

ちょっと、読めないなあ、これ。

僕も戸籍を読むのは苦手なんだよね（苦笑）。若い頃、戸籍を読み切れなくて申告直前になって一人相続人が増えたことがあったよ💦

えええ！

それ以来、読みにくい戸籍は司法書士の先生に見てもらっている。こんなこともあるから法定相続情報証明制度（第 1 章参照）はすごくいい制度だと思うよ。

確かに。

‥‥‥‥‥‥‥‥‥‥　誰が相続人になるのか　‥‥‥‥‥‥‥‥‥‥

相続人を考えるとき、まず配偶者は必ず相続人になるよ。入籍していれば婚姻期間は関係ないんだ。

有名人が亡くなる直前に入籍して
ニュースになったりしましたね。

配偶者は必ず相続人になる。配偶者と、第一順位の相続人。第
一順位がいなければ第二順位。先の順位の人がいる場合、後の
順位の人は相続人にはならない。

第一順位……直系卑属　子（胎児を含む）→孫→ひ孫……
第二順位……直系尊属　両親→祖父母→曾祖父母……
第三順位……兄弟姉妹→おい・めい

H家の相続人を図にするとこうなる。おじいちゃんには子ども
がいたから第二順位、第三順位の人が相続することはない。

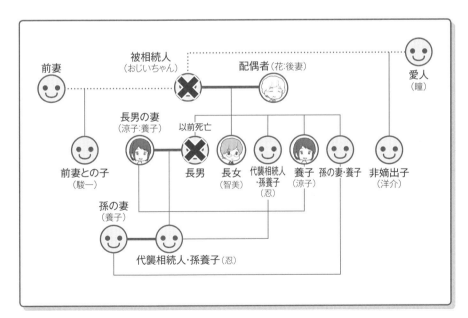

 ひゃー、複雑。

以前死亡とは

 長男のところに書いてある以前死亡というのは？

相続開始の前、つまり**被相続人が亡くなる前に相続権を持つ人が亡くなっていることを以前死亡**というよ。こういう場合は、次の代に相続権が移る。財産は孫である忍さんが相続することになるんだ。

代襲相続とは

 子が亡くなっている場合は孫が相続人になるんですね。

代襲相続というよ。子がいなければ孫、孫もいなければひ孫と代襲は続く。第三順位はおい・めいまでで代襲相続は終わり。

 あら、そうなんですね。

おい・めい以降はそれほど関係性も深くないとみられているんだよ。

Ｈ家では孫と養子縁組をしていて、さらに代襲相続が発生している。**二重身分**というんだけど、法定相続分はどちらの立場の分もあるよ。

法定相続分

法定相続分？

法定相続分は被相続人の財産に対して、各相続人の取り分として民法で定められた割合のことだよ。

法定相続分一覧

法定相続人の状況		法定相続分			
		配偶者	子	直系尊属	兄弟姉妹
子がいる場合	配偶者がいる場合	1/2	1/2	—	—
	配偶者がいない場合	—	1	—	—
子がいない場合	配偶者がいる場合	2/3	—	1/3	—
	配偶者がいない場合	—	—	1	—
子、直系尊属（父母等）がいない場合※	配偶者がいる場合	3/4	—	—	1/4
	配偶者がいない場合	—	—	—	1
配偶者のみ（子、直系尊属（父母等）、兄弟姉妹がいない）の場合		1	—	—	—

※被相続人と父母どちらかが違う兄弟姉妹（＝半血兄弟姉妹）の相続分は、父母の双方を同じにする兄弟姉妹の相続分の2分の1となります。

おじいちゃんは配偶者と子が6人。配偶者の取り分は 1/2、子は残りの 1/2 を平等に分ける。

代襲相続人であり養子でもある孫は
ふたつの身分の相続分がある

忍さんは、孫養子としての取り分と、代襲相続人としての取り分があることになるから、子は6人だけど6ではなくて7で割ることになるんだ。

代襲相続人である孫養子は、二重身分だから普通の養子に比べて法定相続分が多くなるんですね。

二重身分は一人がふたつの身分の財産を相続するからね。

相続分

配偶者（花：後妻）		1/2
前妻との子（駿一）	1/2 × 1/7	= 1/14
長女（智美）	1/2 × 1/7	= 1/14
代襲相続人・孫養子（忍）	1/2 × 1/7 ＋ 1/2 × 1/7	= 1/7
養子（涼子：長男の妻）	1/2 × 1/7	= 1/14
養子（孫養子の妻）	1/2 × 1/7	= 1/14
非嫡出子（洋介）	1/2 × 1/7	= 1/14
合計		1

養子について

おじいちゃんは、涼子さんや孫を養子にしている。養子は親子関係ではない人たちの間に親子関係、つまり血縁を作る。これは法律上の血族と呼ばれている。法定血族ともいうね。

血がつながっていないけれど、法律上で血がつながっていることになるんですね。

養子ってどうすると養子になるんですか？

養子縁組届を市区町村に提出すればOKだよ。
養子には特別養子縁組と普通養子縁組がある。

特別養子縁組……養子と実親との親子関係を断ち切り、養子と養親を完全な親子とする
普通養子縁組……生みの親と親子関係を維持したまま養親との間に血縁関係が生じる

相続の現場で出てくるのは普通養子縁組が圧倒的に多い。普通養子は生みの親と育ての親、両方から財産を相続できるんだ。

なんかお得な感じがする（笑）。

それで大資産家になってしまう人もいるんだよ。

・・・・・・・・・・・・・・ **養子の代襲相続に注意** ・・・・・・・・・・・・・・

養子が以前死亡（被相続人より先に死亡）していて、その養子に子ども、つまり被相続人の孫がいる場合、孫は代襲相続人になるかならないか。わかるかな？

養子の子は孫だから、代襲相続人になるのでは？

養子の子が養子縁組前に生まれたのか、後に生まれたのかがポイント。養子縁組をすることで血族になるわけだから、**養子縁組前に生まれていた孫は血族ではなく、代襲相続人にはならないんだ。**

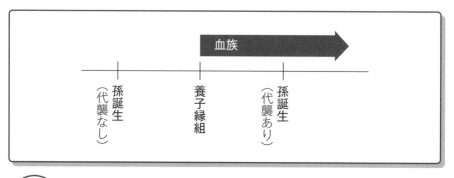

わ、孫イコール代襲相続人と考えたらダメですね🎵

Ｈ家は実子がいるけれど、資産家で実子がいない場合、養子をもらってこんなケースが発生することがあるから気を付けないとね。

・・・・・・・・・・・・・・　**離婚・非嫡出子**　・・・・・・・・・・・・・・・

離婚している場合、離婚した元配偶者に相続権はないけれど、元配偶者との間の子に相続権はちゃんとあるよ。

相続分は同じですか？

同じだよ。**子はみんな平等。**

昔は婚姻関係外に生まれた非嫡出子と嫡出子の相続分は違っていて、嫡出でない子の相続分は、嫡出である子の相続分の2分の1だった。それが、平成25年に民法が改正されて平等になった。

 非嫡出子の立場から言ったら平等になってよかったけれど、正妻や嫡出子からしてみたら……そりゃ遺言での認知が増えるわけだ。

そうなんだよねえ。

2.相続放棄・限定承認

・・・・・・・・・・・・・・・・・・・・・　相続放棄　・・・・・・・・・・・・・・・・・・・・

相続を放棄した場合、代襲相続はおこらない。例えば、子が相続放棄をしたとすると、孫は相続人とならない。

その人はいなかったと考えるとわかりやすいかな。

なるほど、そもそもいなかったからその子もいないと。

放棄で相続人がいなくなると、次の順位の人が相続人になるから、次の順位の人にそれを通知してあげる必要がある。

？

配偶者と子が放棄をしたら被相続人の兄弟姉妹が相続人となる。たいてい放棄はマイナスの財産が多すぎて放棄をするから、兄弟姉妹が負債を背負うことになってしまうからね。

配偶者も子どももいるのに、自分が相続人になるなんて思わないですものね。

もう一つ注意したいのは、放棄をしたいなら被相続人の財産を使わないこと。**被相続人の財産を使ってしまうと、放棄できなくなる。**単純承認をしたことになってしまうんだ。

単純承認はプラスの財産もマイナスの財産も全部相続することになるんでしたよね（14頁参照）。

限定承認の注意点

単純承認の場合、手続きはないし、相続放棄は相続人がそれぞれ自分の意思で手続きできるけれど、**限定承認は相続人の全員が一緒にする必要がある**よ。相続の開始があったことを知ったときから3か月以内に家庭裁判所で手続きをするんだ。

限定承認はプラスの財産の範囲内でマイナスの財産を引き継ぐんでしたよね。

限定承認はみなし譲渡

限定承認をすると、相続開始時にその時の時価で被相続人が相続人に対して不動産や有価証券などの相続財産を譲渡したとみなすんだ（所得税法第59条第1項第1号）。準確定申告でこの譲渡の申告をするよ。

えー！ 相続なのに譲渡か

この「みなし」ってほんとに厄介ですね。
知らなければ絶対に落としますね。

じゃあ、被相続人が土地を持っていて限定承認をしたとすると、土地を売却したことになって、譲渡所得が発生するってことですよね。

そうだよ。準確定申告の所得税は債務になる。限定承認は被相続人の財産がプラスよりマイナスの方が多ければ準確定申告の所得税は納税する必要がない。

そうか、限定承認だからプラスからはみ出たマイナスは引き継がなくていい。その状態だと所得税も被相続人のマイナスだから引き継がないのか。

・・・・・　**なぜ限定承認をするとみなし譲渡となるのか**　・・・・・

どうして限定承認だとみなし譲渡になるんですか？

限定承認がみなし譲渡となるのは、被相続人が資産を所有していた間の値上がり益に対する課税を被相続人段階で行うことで、相続人が将来その資産を譲渡したときまでに持ち越さないようにするためなんだ。

相続人が譲渡したときまでに持ち越さない？

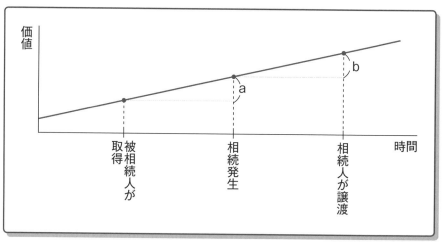

被相続人の所有期間中における資産の値上がり益（a）を被相続人の譲渡所得として課税し、これに係る所得税額を債務として清算することで、**限定承認をした相続人が相続財産の限度を超えて債務を負担することのないようにとの趣旨で規定**されているんだ。

みなし譲渡となることで、相続人は将来譲渡した時、（b）に対する税金だけを負担することになりますね。

限定承認なら被相続人の所得税という債務が増えても相続人は負担する必要がないだろうし、これ以上相続人の負担を増やさないための規定だったんだ。

・・・・・・ 限定承認でプラスの財産が多かった場合 ・・・・・・

たいてい負債の方が多いから限定承認をするからね。
ただし、限定承認は資産の方が多ければ納税義務がある。

限定承認の財産は、被相続人が住んでいた自宅のことが多いから居住用財産の 3,000 万円の特別控除も使えない。譲渡所得の税額も大きくなる可能性があるんだよ。

居住用の 3,000 万円控除？

通常、自宅を売却するのはいろいろ大変なんでしょうと、租税特別措置法第 35 条で利益の 3,000 万円までは税金は発生しないとする特例がある。でも、これは親族間売買だと使えないんだよね。

被相続人のマイナスの財産額がはっきりわからなくて限定承認をしたら実はプラスの財産の方が多かったという場合、単純承認より所得税の負担が増えてしまいますよね。

そういうことになる。しかも相続開始から3か月以内に家庭裁判所で手続きが必要となる。ハードスケジュールだし、実務上はあまり使われていない。僕も長年相続をやっているけれど限定承認は数えるほどしかないよ。

第 3 章

相続税の計算

1.相続税の基礎控除

・・・・・・・・・・・・・・　非課税枠はいくら？　・・・・・・・・・・・・・

相続税は平たく言ってしまうとお金持ちにかかってくる税金。**基礎控除**といって、財産がその額以下なら相続税は課税されないとするボーダーラインがあるから、庶民には課されることはない。一部の人の税金なんだよ。

非課税枠ともいいますよね。

そう。これが比較的大きいから、課税されるのは死亡者の8%程度だよ。

そんなに少ないんですね。

平成27年に基礎控除額が変わったんだけど、変わる前は4%程度しか課税されなかった。これでも増えたんだ。

基礎控除額って変わるんですか？

そうだよ。
財務省のホームページに掲載されている図を見てみようか。

地価公示価格指数の推移と相続税の改正

(指数)
(基礎控除:万円)

350 —— 5000

基礎控除

公示地価（三大圏商業地）

公示地価（全国・全用途）

88.1
85.7

58 60 63 平成 2 4 6 8 10 12 14 16 18 20 22 24 27 29 令和 2

基礎控除

| 2,000万円
＋
400万円
×
法定相続人数 | 4,000万円
＋
800万円
×
法定相続人数 | 4,800万円
＋
950万円
×
法定相続人数 | 5,000万円
＋
1,000万円
×
法定相続人数 | 3,000万円
＋
600万円
×
法定相続人数 |

税率構造（最高税率）

| 14段階
(5億円超:75%) | 13段階
(5億円超:70%) | 13段階
(10億円超:70%) | 9段階
(20億円超:70%) | 6段階
(3億円超:50%) | 8段階
(6億円超:55%) |

（出典：財務省ホームページ）

現行の相続税法では基礎控除は **3,000万円＋600万円×法定相続人の数**。財産がこれ以下なら相続税は課税されない。

平成27年前は5,000万円＋1,000万円×法定相続人の数だったから、ずいぶん減りましたよね。そりゃ課税される人が増えますね。

・・・・・・・・・・・・・・・　相続税法＝民法ではない　・・・・・・・・・・・・・・・

基礎控除を計算するときに気を付けたいのが法定相続人の数。これは民法上の相続人の数と一致しないことがあるんだ。

相続税法と民法が一致しない？

・・・・・・・・・・・・・・・・・　法定相続人の数　・・・・・・・・・・・・・・・・・

相続税の基礎控除を計算するときの法定相続人の数は実子がいる場合、養子は複数いても1人としてカウントする。実子がいない場合、養子は2人まで実子とカウントする。

？？

基礎控除の額は相続人の数によって増減する。昔、養子縁組をたくさんして子どもの数を増やす租税回避行為が問題になったんだよ。

なるほど、それで養子の人数制限があるんですね。

気を付けたいのが**孫養子で代襲相続人である二重身分の人は実子としてカウントして、養子としてはカウントしない。**

おじいちゃんは実子が4人（実子とカウントする代襲相続人の孫養子1人を含む）いるから、養子は2人いるけれど、養子は1人だけ法定相続人の数に数える。したがって、配偶者を含めて法定相続人の数は6人となる（相続税法基本通達15-4）。

	民法		相続税法	
	法定相続人の数	法定相続分	法定相続人の数	法定相続分
配偶者（花：後妻）	1	1/2	1	1/2
前妻との子（駿一）	1	1/14	1	1/12
長女（智美）	1	1/14	1	1/12
代襲相続人・孫養子（忍）	1	1/7	1	1/6
養子（涼子：長男の妻）	1	1/14	1	1/12
養子（孫養子の妻）	1	1/14		
非嫡出子（洋介）	1	1/14	1	1/12
合計	7人	1	6人	1

あと違う点は、相続放棄があっても放棄していないものとしてカウントすること。

 放棄があっても放棄していないものとするのはなぜですか？

仮に配偶者と子1人で相続人2人の家があって、被相続人には兄弟が6人もいたとする。子に放棄させれば相続人は配偶者と兄弟で7人にもなる。基礎控除を意図的に増やすことができてしまう可能性があるんだ。

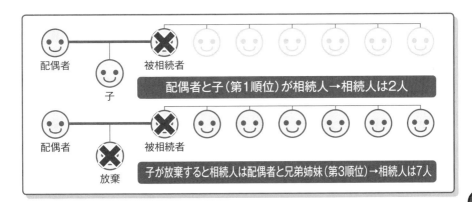

放棄をすることで相続人の数を増やせてしまうんですね！
だから基礎控除の計算では放棄はなかったものとするんですね。

胎児の相続

民法上、胎児にも相続権はあるとされているけれど、相続開始時に胎児がいて、相続税の申告書を提出する日までに生まれていない場合、胎児はこの法定相続人の数には入らない（相続税法基本通達 15 － 3）。

なんだか赤ちゃんかわいそうですね。

生まれる前に申告期限がきてしまうなら、赤ちゃんがいない状態で相続税を計算して、生まれた後 4 か月以内に更正の請求をするよ。

更正の請求になるのか。

胎児は法定相続人の数にはカウントされないけれど、民法上は相続人だからちゃんと「子」として法定相続分の財産を相続する権利がある。

相続税の計算のときは生まれていないとされるけれど、取り分を考えるときは考慮されるんですね。

まあでも、10 か月あるからたいてい生まれていると思うんだけどね。昔は申告期限が相続開始から 6 か月だったりしたからこんな問題もありえたけれど。

そうだったんだ！　6か月ってめっちゃ短いな

2.相続税の額

・・・・・・・・・・・・・・　相続税はいくら？　・・・・・・・・・・・・

次に、相続税はいくらになるのかを考えてみよう。
竹橋くん、H家の基礎控除額はいくら？

基礎控除額は3,000万円＋600万円×6人で6,600万円ですね。

養子は実子がいるから1人だけカウント、代襲相続人である孫養子は実子とカウントされるのよね。

プラスの財産が6億9,400万円でマイナスの財産が2,800万円、基礎控除額が6,600万円だから課税遺産総額は6億円として計算してみよう。

プラスの財産 6 億 9,400 万円		
マイナスの財産 2,800 万円	基礎控除額 6,600 万円	課税遺産総額 6 億円

課税遺産総額6億円を法定相続分で按分する。

配偶者（花：後妻）	6億円 × 1/2 ＝	300,000,000 円
前妻との子（駿一）	6億円 × 1/12 ＝	50,000,000 円
長女（智美）	6億円 × 1/12 ＝	50,000,000 円
代襲相続人・孫養子（忍）	6億円 × 1/6 ＝	100,000,000 円
養子（涼子：長男の妻）or 養子（孫養子の妻）	6億円 × 1/12 ＝	50,000,000 円
非嫡出子（洋介）	6億円 × 1/12 ＝	50,000,000 円
	合計	600,000,000 円

この各々の金額に税率をかける。

配偶者（花：後妻）	300,000,000 円 × 45% － 2,700 万円	＝ 108,000,000 円
前妻との子（駿一）	50,000,000 円 × 20% － 200 万円	＝ 8,000,000 円
長女（智美）	50,000,000 円 × 20% － 200 万円	＝ 8,000,000 円
代襲相続人・養子（忍）	100,000,000 円 × 30% － 700 万円	＝ 23,000,000 円
養子（涼子：長男の妻） or 養子（孫養子の妻）	50,000,000 円 × 20% － 200 万円	＝ 8,000,000 円
非嫡出子（洋介）	50,000,000 円 × 20% － 200 万円	＝ 8,000,000 円
	合計	163,000,000 円

【平成 27 年 1 月 1 日以後の場合】相続税の速算表

法定相続分に応ずる取得金額	税率	控除額
1,000 万円以下	10%	－
3,000 万円以下	15%	50 万円
5,000 万円以下	20%	200 万円
1 億円以下	30%	700 万円
2 億円以下	40%	1,700 万円
3 億円以下	45%	2,700 万円
6 億円以下	50%	4,200 万円
6 億円超	55%	7,200 万円

一家で 1 億 6,300 万円ですね。財産が 7 億円近くあるのに、実質的に相続税は 23％くらいしか課税されないんですね。

債務と基礎控除額を引けるし、法定相続分で按分した額に対して税率をかけるからね。

・・・・・・・・・・・・　**実際に負担する相続税の額は**　・・・・・・・・・・・・

一家の相続税額が出たところで、今度は実際に誰がいくら相続したのか、で按分する。もし、実子が 1 人で財産全部を取得していれば実子が 1 億 6,300 万円相続税を負担することになる。

相続税額を計算するときには仮定計算で行って、その税額を実際に取得した財産で按分した額が各々の税額になるんですね。

養子や相続放棄といった、**当事者の意思で変化させられるものを排除している**んだよ。

相続税の勉強のとき、この判定が大事で、間違うと大量失点だったなあ。

確かに、ここを間違うと税額が変わってしまうものね。

税理士事務所が関与するような資産家はお金があるからか、H家のおじいちゃんのように愛人がいることもあるし、養子は普通にみかけるし、代襲相続もある。試験でも実務でも相続人の確認は大事だよ。

3.養子のいろいろ

・・・・・・・・・・ なぜ養子縁組をするのか ・・・・・・・・・

計算方法をみたついでに、
どうして養子縁組をするのかを見てみようか。

計算例

前提：債務と基礎控除額を引いた課税遺産総額が1億円とする

●相続人が子ども1人の場合
1億円× 1/1 ＝1億円×税率30％－控除額700万円
→納税額 **2,300万円**

●相続人が子ども2人の場合
1億円× 1/2 ＝5,000万円×税率20％－控除額200万円＝ 800万円
→納税額 800万円× 2 ＝ **1,600万円**

700万円違います！

相続人の数が増えれば取得金額が下がって税率が下がる。税率が下がると税額へのインパクトが大きいんだ。とある資産税で有名な先生は、一番の相続税対策は実子を増やすことだと言っていたよ。

そりゃそうですけどね

実子を増やすのは難しいだろうから、
養子という方法になるんだろうね。

・・・・・・・・・・ 一代飛ばし ・・・・・・・・・・

相続税額への養子のインパクトはもうひとつある。相続を3回繰り返すと相続税で財産はなくなるとまで言われるけれど、孫養子に相続させれば一代分の相続税を減らすことができる。「一代飛ばし」なんて言ったりするよ。

 でも、2割加算（相続税法第18条第1項）がありますよね。

 2割加算って何ですか？

・・・・・・・・・・ 2割加算とは ・・・・・・・・・・

孫を養子にして相続をする場合、税額の2割を加算して支払う必要があるんだ。

 2割も？　すごいですね。

昔、孫を使った「一代飛ばし」が多発したせいで2割加算の規定ができたんだ。

 相続税も租税回避と法改正のいたちごっこだなあ。

2割加算は孫養子だけじゃない。**配偶者、第1親等の血族以外の人が相続または遺贈により財産を取得したとき**にも発生する。

 第1親等？

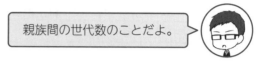

親族間の世代数のことだよ。

親等の数え方

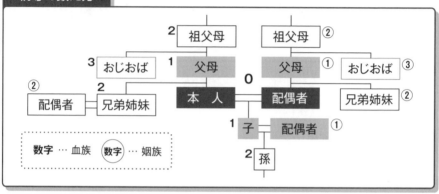

孫や兄弟姉妹は2割加算の対象なんですね。

ここでちょっと注目したいのが、**子の配偶者は姻族の第1親等**で血族ではないから2割加算があるけれど、**養子縁組して血族になれば2割加算はない。**

なるほど。それで涼子さんも養子に入っているのか。

H家の孫養子は代襲相続人でもあるから2割加算はない。

4.税額控除

障害者控除

加算だけじゃなくて税額控除もある。相続人に障害者がいる場合、障害者控除を受けることができる。相続開始の日から 85 歳になるまでの年数に一般障害者は 10 万円を掛けた額、特別障害者は 20 万円を掛けた額が控除される。

> 一般障害者……障害者手帳 3 級から 6 級
> 特別障害者……障害者手帳 1 級・2 級、成年被後見人

成年被後見人？

判断能力を欠くとして成年後見人がついている人だよ。

障害者と聞くと、身体障害を思い浮かべやすいけれど、成年被後見人のように外観ではわからない障害を持っている人もいる。おじいちゃんの長女である智美さんは透析を受けていて 1 級障害者手帳を持っているよ。

とすると、特別障害者控除が受けられますね。

未成年者控除

前に胎児の相続を説明したけれど、胎児が無事生まれて相続人となったら、受けられる控除があってね。

未成年者控除ですね。

そう。20歳未満の人は相続開始の日から20歳になるまでの年数×10万円を税額から控除できるよ。未成年者の税額から控除しきれない分はその未成年者の扶養義務者の税額から控除できる。令和4年4月1日以後の相続からは変わるんだけどね。

？

民法の成年年齢が20歳から18歳に変わる。未成年者控除の取扱いも18歳未満となるんだよ。

民法改正はいろいろ影響がありますね。

‥‥‥‥　障害者控除と未成年者控除は生涯の額　‥‥‥‥

障害者控除と未成年者控除は、2度目の相続ではちょっと気を付けないといけない。

2度目の相続というと？

智美さんは人生において今回が初めての相続だけど、おばあちゃんが亡くなったらまた財産をもらうだろうから、それが2度目の相続。余っていれば適用があるけれど、今回で使い切ると次回に適用はない。

障害者控除の場合

（85 歳－相続した時の年齢）× 10 万円※
（85 歳－最初に相続した時の年齢）× 10 万円※－前回の控除額の合計

いずれか小さい額を控除額とする

※　特別障害者の場合、20 万円

未成年者控除の場合

（20 歳※－相続した時の年齢）× 10 万円
（20 歳※－最初に相続した時の年齢）× 10 万円－前回の控除額の合計

いずれか小さい額を控除額とする

※　令和 4 年 4 月 1 日以後は 18 歳

税額が小さくて控除額が残った場合、他の税額が出る相続人が障害者である相続人や未成年者である相続人の扶養義務者の場合、扶養義務者の税額から控除することができるよ。

・・・・・・・・・・・・・・・・・・・・ **相次相続控除** ・・・・・・・・・・・・・・・・・・・・

10 年以内に 2 回以上の相続があった場合にも税額控除があるよ。前回の相続税額の一定額を 2 度目の相続税から控除できる。

 前回の相続税を控除できる？　不思議な規定ですね。

短期間のうちに発生した相続税の負担が過重とならないようにしているんだよ。

・・・・・・・・・・・・・　配偶者に対する税額軽減　・・・・・・・・・・・・・

> 税額に一番インパクトがあるのがこれだろうね。

配偶者に対する相続税額の軽減

被相続人の配偶者が遺産分割や遺贈により実際に取得した正味の遺産額が、次の金額のどちらか多い金額までは配偶者に相続税はかからない（相続税法第19条の2）。

（1）　1億6,000万円
（2）　配偶者の法定相続分相当額

> 1億6,000万円も相続しても相続税がかからないなんて大盤振る舞いですね！

> 夫婦間の相続は同一世代間の財産の移転だから、子が相続により財産を取得した場合に比べて相続税が課税されるまでの時間が短い。加えて遺産の維持形成に対する配偶者の貢献に対する考慮をすべきということで、この軽減措置が設けられているよ。

5.税額の計算

今までの流れをざっと復習してみようか。

プラスの財産 6 億 9,400 万円		
マイナスの財産 2,800 万円	基礎控除額 6,600 万円	課税遺産総額 6 億円

プラスの財産からマイナスの財産を引いて、そこから基礎控除額を差し引く。これが課税遺産総額だね。

 基礎控除額は 3,000 万円 + 600 万円×法定相続人の数。法定相続人の数は民法上の相続人の数とは一致しないこともあるんでしたね。

そうだね。課税遺産総額を法定相続分で分けて、その額にそれぞれ税率をかけて、合計したものが相続税の総額となる。

 法定相続分という仮定で分けて税額を計算するというのが面白いですね。

このあとで実際に相続した額で相続税の総額を按分して、個々人の税額控除や加算をして、納付税額が算出される。

ここでの按分だけど小数点以下 2 位未満の端数がある場合、各取得者の割合の合計値が 1 になるようその端数を調整して構わないとなっている（相続税法基本通達 17-1）。

相続は金額が大きい。1 億だと 0.01 違うだけで 100 万円の差となる。相続人間の公平を保つため、2 桁以上の小数点以下を何桁まで記載するかを選べるようになっているシステムもあるよ。

第 4 章

財産には
どんなものがあるの？

1.目に見えない財産

・・・・・・・・・・・・・・・ マイレージも相続財産！？ ・・・・・・・・・・・・・

 この前、親戚のおじさんから航空会社のマイレージは相続財産になるのか、って聞かれて答えに窮しましたよ。試験でそんなの出てこなかったし。

相続財産は箸、茶碗まで、被相続人が所有していたもの全てだよ。試験だと財産は試験問題で提示されているけれど、実務だと財産がどれだけあるか、相続税がかかるものなのかを考えなきゃいけない。

 マイレージなんて目に見えないから困りますね。

インターネットが普及したおかげで便利になったけど、相続実務ではちょっと困ったことが発生しているんだよ。

・・・・・・・・ 一身専属かどうかと発行会社の規約 ・・・・・・・・

マイレージやポイントは、本来個人がそのポイントプログラムの会員であるから受けられるサービスであって、「一身専属」といえる。一身専属のものは相続対象とはならないから、基本的には相続財産にならない。

 相続開始とともに消滅すると考えていいんですね。

でも、JAL や ANA は規約で法定相続人である場合、マイレージを相続できるとされているんだ。そうすると、相続財産となってくる。

 えー！ そしたら、評価額はどうなるんですか？

被相続人の相続開始時におけるマイレージ権利行使により受ける航空運賃割引相当額、または、マイレージポイントの権利行使により交換可能なクーポン券の交換価額相当額だろうね。相続税は時価評価が原則でしょ？

 相続税法第 22 条ですね。

･･････････ ネット銀行だと手紙もこない ･･････････

昔は取引している金融機関からよく手紙がきたけれど、今は口座もネットで開設できるから、通帳はないし、連絡もメールだから、家族は取引があるなんて知らないこともある。

 僕も通帳のない口座がありますよ。

 どうやって口座があるかを確認するんですか？

キャッシュカードを探すのが早い。相続人のお財布や机の引出しの中にキャッシュカードが入っているかもしれないから、そのあたり。それと、メールに取引履歴が残っているかをチェックしたりする。

わー、死んだらメール見られちゃうのか💧

資産家の場合は、自宅周辺のゆうちょ銀行、地元の有力地銀、農協あたりには全部残高照会をかける。相続人であることが証明できれば調べてもらえるので、法定相続情報一覧図の写しと身分証明書を持って金融機関に問い合わせる。ネット銀行だと電話と郵送。

大変💧

そうなんだよ。最近終活が流行っているけれど、あれは相続実務に携わる者にとっては本当にありがたいんだ。財産はこれがあります、って書いておいてもらえるから。

・・・・・・・・・・・・・・・・　暗号資産にも注意　・・・・・・・・・・・・・・・・

あとは、最近流行りの暗号資産。

暗号資産？

仮想通貨といった方がわかりやすいかな？　最近は暗号資産と呼ぶようになったんだけど、これも目に見えないから、メールなどで取引をしていることがわかったら、暗号資産交換業者に連絡して残高証明書をもらう。

暗号だなんて、まさしく目に見えない資産ですね。

ちょっと前に、大暴落したとか、
盗まれたとかニュースでありましたよね。

そこが暗号資産の怖いところで、盗まれたはともかく、上がり
下がりが激しい資産だから、申告時に現金化して納税しようと
したら大暴落していて納税資金がないなんてこともありえる。

 こわっ！

もし、被相続人が暗号資産を持っていると言っていたなら、
早めに金額を確認しておくほうがいいね。

2.みなし相続財産

生命保険金

目に見えない財産の他にも計上を忘れやすい財産がある。主なものを見ていこう。まずは「みなし相続財産」から。

 ここにも「みなし」が出てくるんですね。

みなし相続財産の代表選手は生命保険金。被相続人が亡くなったことによって受け取る生命保険金は民法上、相続財産ではないんだ。

 なのに相続税の課税対象になるんですか？

実質的には相続又は遺贈により取得したものと同じなのに、法律的には相続財産又は遺贈により取得した財産でないからといって相続税の課税対象から除外したら、租税回避の原因となるからね。

 ？

生命保険金が相続財産にならないのなら、がっつり保険料を払って相続財産を生命保険金に形を変えたくなるでしょ？

 確かに。

相続税法第3条ではみなし相続財産として6種類を挙げているよ。

① 生命（損害）保険金
② 退職手当金
③ 生命保険契約に関する権利
④ 定期金給付契約に関する権利
⑤ 保証期間付定期金に関する権利
⑥ 契約に基づかない定期金に関する権利

‥‥‥‥ 生命保険金と退職手当金の非課税枠 ‥‥‥‥

①と②は、500万円×法定相続人の数の非課税枠があるよ。生命保険金を請求すると、一緒に剰余金や割戻金、前納保険料とかが一緒に入金になることがあるけれど、これは生命保険金に含めて非課税枠の適用OK。

 どうして非課税枠があるんですか？

生命保険に加入するのは被保険者が亡くなったあと、残された人の生活のためだからね。一定額までは非課税にしているんだよ。

 なるほど。

定期預金にしておくくらいなら非課税枠分の終身保険に加入した方が相続税としては有利になる。でもH家ではそれが使えなくてね。

?

···· 相続人以外に生命保険金の非課税枠は使えない ····

H家のおじいちゃんは、愛人を受取人にした生命保険に加入していたんだ。

愛人は相続人ではないから非課税枠は使えないし2割加算のオマケがつきますね。

生命保険金の非課税枠は、相続人以外は使えないのね。

②の退職手当金も生命保険金と同じで非課税枠があるけれど、相続人以外の人が取得した退職手当金にも非課税枠は使えない。

でも、愛人はもらえるだけよかったかも。

あと、**相続放棄した人が生命保険金や退職手当金を受け取った場合も非課税枠は使えない。**

非課税枠は使えない、ということは、相続放棄をしても生命保険金を受け取れるんですか？

·········· **生命保険金は受取人の固有の財産** ··········

生命保険金は本来、受取人の固有の財産だから、放棄をしていても生命保険金を受け取ることはできるんだ。相続税法上は相続財産と"みなして"課税している。

 放棄すると非課税枠は使えなくなっちゃいますけど、通常は2割加算はないですよね。

代襲相続人の場合は注意が必要。2割加算がないのは代襲して「相続人」となった直系卑属。代襲相続人が相続放棄をして生命保険金を受け取った場合は2割加算が必要になるよ。

 わ、そうか。代襲相続人が放棄したら相続人でなくなってしまいますもんね。

············· **生命保険契約に関する権利** ·············

みなし相続財産ではあるけれど、③から⑥には非課税枠はないよ。

③　生命保険契約に関する権利
④　定期金給付契約に関する権利
⑤　保証期間付定期金に関する権利
⑥　契約に基づかない定期金に関する権利

③の「生命保険契約に関する権利」は、保険料負担者が被相続人だけど、保険契約者、被保険者は被相続人ではなくて、相続開始が保険事故とはならないもの。

被保険者に保険事故が発生する前に解約すれば契約者は解約返戻金を受け取れる。それは相続財産でしょ、と。

これ、普通の相続財産のような気がする。

契約者が被相続人ならみなしではなくて普通に被相続人の財産になるよ。ま、③には非課税枠はないし、ともかく被相続人が保険料を負担していた契約を財産計上することに気づけば大丈夫。

契約者が被相続人ではないことがあるんだ💦
なるほど、そうするとみなし相続財産になるってことか。

············ 定期金給付契約に関する権利 ············

④の「定期金給付契約に関する権利」はどういうものですか？
定期金とは？

「定期金」というのは定期に受け取るお金のこと。年金だよ。
④の代表的な例は、まだ受取りが開始されていない個人年金保険だね。

定期金給付契約に関する権利は、相続開始時にまだ定期給付事由が発生していない定期金給付契約。被相続人が掛金を負担していて、被相続人以外の者が契約者である契約のこと。

専業主婦の妻が契約者の個人年金保険の保険料を夫が払ってあげているような場合ですか？

そう。夫の生前に受取りが開始されたら贈与になるケースだね。

··········· 保証期間付定期金に関する権利 ···········

 ⑤「保証期間付定期金に関する権利」は？

④と同じで定期金だけど、これは相続開始前に受取りが開始されていて、受取りが保証されている一定の期間内に**定期金受取人が死亡した場合**、残存期間中に定期金を受け取る権利だよ。

 ？

 被相続人が 10 年の間年金を受け取れる契約をしていて、5 年受け取った時点で亡くなったら、残りの 5 年分は相続人が受け取れるんだよ。

 なるほど、その残りの受給権なのね。

········ 契約に基づかない定期金に関する権利 ········

契約に基づかない定期金は、法律や条例、就業規則等に基づいて支給される定期金のこと。

 ？

相続人が直接契約したわけではないから契約に基づかない定期金。国民年金や厚生年金の受給者が死亡した場合、遺族年金が支給されるでしょ？　これは相続人が契約したわけじゃない。だから遺族年金は⑥になるんだけど、遺族年金は、相続税は非課税とされている。

 じゃあ、⑥に相続税はかからないんですか？

いやいや、非課税なのは公的年金の遺族年金だけ。企業年金の確定給付年金や適格退職年金を受給開始後に相続開始した場合、⑥に該当する。受給前に相続開始した場合は、②退職手当金になるんだ。

 相続開始が受給前か後かで変わるんですよね。

 そうなのね🌀　難しい。

 気を付けたいのが**確定拠出年金**。②の退職金に含まれる。

 確定拠出年金は退職金の非課税枠が使えるんですね。

たいてい、相続手続きのために資料を取り寄せると説明文が入っている。それをしっかりよく読んで、あとは相続開始時に受給していたかどうかを確認すれば大丈夫。

・・・・・・・・・・・・・・ ちょっとした勘違い ・・・・・・・・・・・・・・

退職金をもらって、ほとんど使わずに預金口座に残っているから、これに退職金の非課税枠が使えるの？ と聞く方がいるけど、これは使えないよ。

 でも、退職金ですよね？

 受け取って、預金に入った状態で相続となったらこれは預金になるんだよ。受け取ったときは生きていたから死亡退職金じゃないし。

 なるほど

・・・・・・ 生命保険金の非課税枠の対象は死亡保険金 ・・・・・・

あと、相続開始後に受け取った入院給付金。被相続人が入院していて相続発生後に保険会社から給付金が支払われた場合、未収金として計上する。これに非課税枠は使えない。生命保険金と合算して振り込まれることもあるから注意してね。

 保険なのに非課税枠が使えるものと使えないものがある？

 非課税枠の対象となる保険は被相続人の死亡によって取得した生命保険金や損害保険金なんだ。

 入院給付金の保険事故は死亡ではないから非課税枠は使えないのね。

ついでに、入院給付金は所得税が非課税（所得税法第9条第1項第17号、所得税法施行令第30条第1号）。だから準確定申告に記載はいらないけれど、医療費控除を受ける場合は医療費を補填する保険金等として医療費から控除する必要があるよ。

相続税って所得税と絡むなあ。

ついでに、入院給付金は配偶者などの生計を一にする親族を受取人と指定している契約は、相続財産とはみなされない。

あら、入院給付金は所得税も非課税で……。

受取人が被相続人となっている契約は、相続税で未収金として計上しなきゃだよね。
でも、受取人を配偶者にしておけば……。

所得税も非課税で、相続税もかからない！

なんだか狐につままれた気分だわ。

3.相続財産に加算する贈与財産

相続開始前3年以内の贈与財産

これは前に説明したね（第1章参照）。相続開始前3年以内に暦年課税で贈与された財産は相続財産に加算して相続税を計算するよ。

相続時精算課税制度適用財産

相続時精算課税で贈与された財産は3年以内に限らず、全ての財産を相続財産に加算して相続税を計算する。これを計上漏れしている申告書が多発しているそうだよ。

 相続時精算課税制度、何だろうと思っていたんです。

 何のことはない、相続のときに精算する課税制度だよ。

 ???

竹橋くんの言う通りなんだよね（笑）。
これは平成15年度税制改正で創設された制度だよ。

このころ、日本は景気が悪くて、消費をけん引すべき若い世代にはお金がない。親の世代は若い世代を支援してあげたくても贈与税が高いから、せっかくあげても贈与税でかなりの額を持っていかれると思うと二の足を踏む。

贈与税を払わなくて済むなら親から若い世代へ財産の移転が進み、若い世代が消費して経済が好転するのでは？　と国は考えたんだよ。

 でも、相続のときにどうせ相続税がかかるんだから、国もケチだなあ。

国も財源がないから仕方ないね。原則として60歳以上の父母又は祖父母から、20歳※以上の子又は孫が贈与された財産が2,500万円までなら贈与税はかけないけど、相続のときに相続時精算課税でもらった財産を他の相続財産と合計して相続税を計算して納めてね、としたんだ。

※　令和4年4月1日以後は18歳

相続時精算課税で納付した贈与税は相続税で精算する

 2,500万円を超えたらどうなるんですか？

20%の贈与税を納めることになる。

 あら、それじゃ贈与税を払ったのに相続税まで払うんですか？

 いや、相続時精算課税で納付した贈与税や相続開始前3年以内の贈与税は、相続税額から差し引けるんだ。

・・・・・・・・・・・ 暦年課税の分は還付されない ・・・・・・・・・・・

でも、もし相続税額が相続時精算課税で納付した贈与税や暦年贈与の相続開始前 3 年以内の贈与税より少なかった場合、相続時精算課税の贈与税は還付されるけれど、暦年贈与の贈与税は還付されないから注意が必要だよ。

これがなんとなく腑に落ちないんですよね。何で暦年課税の方は還付されないのか。

そもそも、贈与税は相続税の前払いではないからだよ。相続開始前 3 年以内に贈与を受けた者は還付が受けられて、それ以前に贈与を受けた者は還付を受けられない、となってしまってはおかしいでしょ。

そうか。贈与税は相続税の前払いじゃないからか。

精算課税は精算を約束しているから還付されるよ。

・・・・・・・・・・・ 相続時精算課税の漏れ ・・・・・・・・・・・

この制度ができてからもう 15 年以上経った。贈与のときに税理士に説明を受けても忘れてしまったり、相続発生までに税理士を変更して新しい税理士も相続時精算課税制度適用者がいるかどうかチェックし忘れたりして適用財産が漏れてしまうことがあるんだ。

15 年も前のこと、忘れちゃいますよね……。

相続案件を請け負ったら、必ずこの制度を利用しているかを確認しなくちゃいけない。そんな古い書類、税務署だって取ってないんじゃないの？　という人がいるけど、税務署は資産税系の資料は何十年でもきっちり保存している。漏れていたら速攻で電話がかかってくるよ。

税理士が代わっていて、相続人もわからないなんて場合はどうすればいいんですか？

相続時精算課税制度を 選択しているかを確認する方法

相続時精算課税制度を適用する場合は届出を出している。税理士は税務署で閲覧することができるよ。

じゃあ、基本的には平成15年よりあとに関与となったお客様は確認が必要ですね。

うわ、大変だな

閲覧するときに必要な「申告書等閲覧申請書」は国税庁のホームページから取得できる。これと委任状に相続人の実印を押してもらって、印鑑証明書を持って税務署に申請する。

昔は税理士事務所職員でも閲覧できたけど、今は税理士じゃないと閲覧できない。ついでに、コピー不可だから手書きで写してこなきゃいけなかった。

え！　もし間違えて写してしまったら大変じゃないですか

令和元年9月からは写真を撮ることが許されるようになったよ。

よかったです。

今はありがたいよ。

········ **自分以外の相続人の状況を確認するには** ········

これ、自分以外の相続人と仲が悪くて、他の相続人が相続時精算課税制度を使って財産をもらっていたかわからない場合はどうなるんですか？

その場合は「相続税法第49条第1項の規定に基づく開示請求書」で、自分以外の過去の贈与内容を知ることができる。これも税理士が代理人として請求することが可能だよ。

それなら安心ですね。

この開示請求では相続開始前3年以内の贈与も確認できるけど、自分の分は確認できないから、それは申告書等閲覧申請で確認するよ。

相続時精算課税制度＋遺言＋遺留分放棄 ＝「争族」を予防

H 家のおじいちゃんは、前妻の子と後妻の子が相続で揉めることを心配して、前妻の子に相続時精算課税制度を利用して生前に財産を渡しているんだ。そして、その財産を受け取ると同時に前妻の子は遺留分放棄をしている。

遺留分放棄？

遺留分放棄というのは、遺留分（第 1 章参照）として最低限認められている相続分すらも放棄するということだよ。

おじいちゃんとしては相続放棄をしてほしかったんだけど、制度的に相続放棄はおじいちゃんが生きている間にはできないんだ。

相続放棄は相続が発生したことを知った日から 3 か月以内ですもんね。

そこで、生前に財産を渡す代わりに遺留分放棄をしてもらった。これで、たとえ遺言に書いた前妻の子の取り分が遺留分より少なくても前妻の子はもっと財産をよこせとは言えなくなる。

なるほど、遺言は遺留分を主張されたときは勝てない。遺留分放棄をしてもらえれば、遺言を書きやすくなりますし、争う種もなくなる。

そういうこと。ひとつ注意したいのが遺留分放棄は家庭裁判所で認められないとできない。家庭裁判所が納得する遺留分放棄をするだけの理由が必要なんだ。

前妻の子には相続時精算課税で、その時試算した遺留分以上の現金を渡したから、無事に認められたよ。

遺留分放棄って、いらない、って本人が言ってもそれだけじゃ認められないのか。

脅されて「いらない」と言っている可能性もあるでしょ？

なるほど。相続、奥が深いなあ。

4.配当・ゴルフ会員権・美術品など

・・・・・・・・・・・・　未収配当・配当期待権　・・・・・・・・・・・・

上場株式を持っている場合、見落としがちなのが未収配当と配当期待権。上場株式を被相続人が持っていた場合は証券会社に残高証明書をもらうけれど、この残高証明書ではわからないんだ。

 残高証明書に載ってこないんですか？

だから株を持っている会社の決算日と配当の日を調べて計算するよ。1年に複数回配当をする会社もあるから気を付けてね。

 中間配当のある会社も多いですもんね。

配当は決算日である配当基準日に株を所有しているともらえる。株主総会の日が配当確定日となって、それ以降に配当を実際に受け取ることができるようになる。相続開始の日がいつかによって課税関係や名前が変わるんだ。

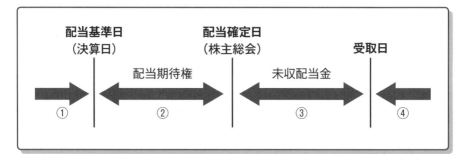

①の配当基準日までの期間に相続が発生した場合は、受け取る権利を持つ人の確定の前だから、相続人の配当所得だね。

被相続人には関係ないんですね。

②の配当基準日翌日から配当確定日の期間に相続が発生した場合は、受け取る権利は被相続人。配当期待権という名前で相続財産となる。相続税評価額は予想配当金から源泉される所得税等を差し引いた額だよ。

③の配当確定日の翌日から受取日の間に相続が発生した場合、未収配当金という名前で相続財産となる。相続税評価額は確定配当金から源泉される所得税等を差し引いた額。

②と③、名前は違いますけど、評価額としては同じですか？

そう。名前が変わるだけだよ。

④で相続が発生したら単なる現預金？

そうだね。配当として受け取った現預金であっても、現預金となった時点でもう配当じゃないからね。

単元未満株

もう一つ残高証明書では確認できないのが「単元未満株」。

単元未満株？

端株といった方がわかりやすいかな？　銘柄ごとに決められている最低売買単位である1単元の株数に満たない株式のこと。

最低売買単位に満たないのに存在するんですか？

株式分割や合併、子会社化、減資とかで発生してしまうんだ。平成21年の株券電子化で、単元未満株は証券会社に移管せず信託銀行の特別口座に残された。口座が違うから、証券会社に残高証明書を出してもらっても確認できないんだよ。

一緒にわかればいいのに。

・・・・・・　単元未満株は信託銀行の証券代行部に確認　・・・・・・

配当金計算書の株数と証券会社の口座の株数が違う場合、単元未満株がある。単元未満株は株主名簿管理人となっている信託銀行の証券代行部に連絡して、何株あるかを確認する。

どこの信託銀行が株主名簿管理人になっているというのは、どうすればわかりますか？

配当金計算書に書いてあるよ。配当金計算書が手元になければ会社のホームページに記載がある。

配当金計算書

株主番号 ○○○○○○○○○

所有株数	1株あたり配当金	配当金額		税額合計	支払金額
200株	42.00円	8,400円		1,706円	6,694円

内訳
所得税率 15.315% 　所得税額 1,286円
住民税率 5.00% 　住民税額 420円

○○○-○○○
○○市○○区○○
○○○○

○○　○○

様

第96期（○年1月1日～○年12月31日）の
当社 普通株式 期末配当金は、標記のとおりとなりました
ので、ご通知申しあげます。
なお、所得税には復興特別所得税が含まれております。

支払確定日　△年　3月30日

○○○○○○○○○○株式会社

株主名簿管理人　お問合せ先
△△信託銀行株式会社　証券代行部
〒○○○-○○○○
○○○-○○○○-○○-○○○○

(0000-00-00)　||||||・||||||||・|||||||||・||||||・||||||・|||||
0000000000000000000 Y00000000000#

※ 本票は、租税特別措置法の規定に基づき作成する「支払通知書」を兼ねております。

・・・・・・・・・・・・・・・・・・・・ **ほふりも活用** ・・・・・・・・・・・・・・・・・・

いろんな会社の株を所有していて配当金計算書も見当たらない場合、確認が大変。そんなときは「ほふり」の開示請求を利用する。

 ほふり？

証券保管振替機構のことだよ。登録済み加入者の開設している証券会社、信託銀行の口座一覧をほふりに開示請求すれば、被相続人の持っている口座が全部わかる。そこに記載されている信託銀行に問い合わせれば端株がいくらあるかわかるよ。

・・・・・・・・・・・・・・・・・・・・ **既経過利息** ・・・・・・・・・・・・・・・・・・

定期預金や定期郵便貯金及び定額郵便貯金は、元本が大きければ利息もそれなりの額になる。

相続が発生した時点（死亡日）で解約したらいくら利息が付くのかを計算して、それから源泉徴収される所得税の額を控除した額を元本と合計した額が預貯金の相続税評価額になるよ（財産評価基本通達203）。

普通預金の利息は考えなくていいんですか？

課税時期現在の既経過利息の額が少額なものは無視して大丈夫だよ。通達にも定期以外の預貯金で既経過利息の額が少額なものは預貯金の残高だけで評価していいって書いてある。

少額なもの、って判断に困りますよね。

今の普通預金の金利は0.001％なんて低い金利でしょ？　普通預金に1億円入れておいてもたった1,000円しかつかない。

少ないな～。

普通預金に入れておくお金なんてかなりの資産家であっても億単位では入れておかないよ。定期預金にするって。銀行が放っておかないでしょ。

確かに。

普通預金に1,000万円あっても利息は100円程度。このくらいなら載せなくてもいい。

そうですね。

バブルの頃は、普通預金の金利が平均2%もあったんだ。定期預金だと6%にもなった。元本1,000万円だと20万円、60万円にもなる。これを計上しないと絶対に指摘されたけど、今じゃ雀の涙だからね。

バブルの頃ってすごかったんですね。

1億貯めて利息で暮らそうなんて冗談も飛び交っていたくらいだから。銀行に残高証明書を請求するときに、既経過利息も記載してほしいと依頼すれば計算してくれるよ。

・・・・・・・・・・・ ゴルフ会員権、リゾート会員権 ・・・・・・・・・・・

ゴルフ会員権は会員権の実態によって分類して考える。プレー権のみのものは評価しなくていい。

取引相場のある会員権……課税時期の取引価格×70%（＋取引価格に含まれない預託金等がある場合、預託金等）

取引相場のない会員権……株主でなければ会員となれない会員権は株式としての評価（＋預託金等を預託しなければ会員となれない会員権の場合、預託金等）

取引相場のある会員権の方が圧倒的によくみかけるね。リゾート会員権も取引相場があるものは、取引相場のあるゴルフ会員権の評価方法に準じて評価する。課税時期における取引価格の70%だね。

どうして市場価格の 70% なんですか？

上場株式とは違って、会員権取引業者が仲介する場合や直接売買もあるし、取引業者の仲介であっても価格は業者によりばらつきが生じる。評価は時価が原則だけど、通達の評価方法が時価より高いのは問題となる。評価上の安全性を考慮しているんだ。

取引相場のない会員権は株式としての評価、というのは？

非上場株式の評価方法のことだよ（前著②第5章参照）。

絵などの美術品

美術品は税理士にはお手上げなんだよね。
価値はわからないから、購入価格がいくらか、をまず考える。

確かに絵なんか買ったことないなあ。
家の玄関に風景画が飾ってあるくらい。

一般家庭で飾っている絵なんかの購入価格は高くて数万円だと思う。この程度なら他の家財と一緒に家庭用財産一式でいい。購入価格が百万単位のものは財産評価基本通達 135 にあるように、売買実例価額、精通者意見価格等を参酌して評価するよ。

この「売買実例価額」とか「精通者意見価格等」ってどうすればわかるんですかね？

美術品は基本的に一点もの。売買実例価額はそうそうないだろうから精通者意見価格等で考えることになる。画廊に査定評価を依頼すればいい。相続用の査定評価を請け負ってくれる画廊はいっぱいあるよ。税務署は「美術年鑑」をチェックしているみたいだね。

ビジュツネンカン？

4,000円くらいで買えるけど、国立国会図書館でも閲覧できるよ。美術年鑑に書いてある価格は画廊が顧客に販売するときの参考価格。高額かどうかはわかるけど、あてにならないだろうなあ。

？

美術年鑑の参考価格は、温度、湿度、保管部屋の明暗など絵に最適な状態で保存しているからこその金額。一般人が何のケアもせずにしまい込んでいた絵画を売ろうとしても、カビや色褪せ、傷なんかで美術年鑑の価格とはかけ離れたものになる。

絵ってそんなに繊細なんですね。

税務署もそんなことは百も承知だから、まさか美術年鑑の価格で評価しろとは言ってこない。餅は餅屋で、業者の査定書をつけておけば大丈夫。

第 5 章

土地の評価

1.土地の評価は現場と資料と

遺言の種類

土地の評価はパソコンに向かう前に、膨大な量の資料が必要。とにかく足を使って資料を集める。グーグルマップで現地を簡単にチェックして、それから資料収集。そのあとで現地を見に行くと評価上の疑問点を解決できてスッキリする。

 全部の土地を見て回るんですか？

うちの事務所は東京にあるけれど、北海道や九州に一筆だけ不動産があるなんて案件もあって、そんなときはグーグルマップと相続人へのヒアリング、相続人の知り合いの人に写真をお願いしたりして現地へ行くことを割愛することもあるよ。
かなりの資産家で全部の土地が北海道なら行くしかない。

 行くんだ～🥲

僕も静岡とか広島とかの相続案件がきたときは現地に行ったよ。

 イッピツ、ってなんですか？

登記簿謄本に記載された１つの土地のことだよ。登記上の土地の単位なんだ。ひとふでとも読むよ。

······ ## 地図からはわからない現場のいろいろ ·······

行ってみると、地図からは分からなかった高低差があったり、隣にお墓があったり、空を見上げれば高圧線が通っていたりする。なのに周りと同じ路線価だったら、マイナス要因が路線価に考慮されていないから減額の要因となるからね。

 ついでに観光してきたりして。

 楽しそう♪

················· ## 資料収集は役所めぐり ·················

土地の評価で必要な資料はこんな感じ。
①～③は所有者と別居の親族や、他人である税理士事務所の人間だと委任状が必要だよ。

① 固定資産税課税明細書
　（5月ころ市区町村から郵送。お客様にもらうか市区町村で取得）
② 固定資産評価証明書（亡くなった年のもの。市区町村）
③ 名寄帳（土地家屋課税台帳ともいう。亡くなった年のもの。市区町村）
④ 登記事項証明書（法務局。登記情報提供サービスの登記情報でもOK）
⑤ 公図（登記情報提供サービス、又は法務局）
⑥ 地積測量図（登記情報提供サービス、又は法務局。ない場合も）
⑦ 住宅地図（ZENRIN いつも NAVI で取得可）
⑧ ブルーマップ（国会図書館でコピー可）
⑨ 路線価図・評価倍率表（国税庁ホームページ）

・・・・・・・・・・・・・　登記情報提供サービス　・・・・・・・・・・・・

昔はよく登記所に通ったものだけど、今は登記情報提供サービスがあるから便利だね。

 登記所？

法務局・地方法務局・その支局または出張所の総称だよ。

 登記情報提供サービス？

登記所が保有する登記情報をインターネットで取得できるんだ。

・・・・・・・・・・・・・　区画整理中の土地　・・・・・・・・・・・・・・・

路線価図・評価倍率表は国税庁ホームページで取得できる。でも、区画整理中の土地は取得できないけど。

 区画整理って何ですか？

区画整理は、無計画に宅地化が進んで、公園がない、道路が狭く見通しが悪い、排水が悪いといった問題のある町にならないように、地域で話し合って土地を整備していくことだよ。路線価図にはこうやって表示される。

○○○第二土地区画整理事業
施行区域（個別評価）

・・・・・・・・・・・・・・・ **個別評価申出書** ・・・・・・・・・・・・・・・

路線価がない……じゃあ、この区画整理中の土地の路線価はどうするんですか？

路線価図に「個別評価」と書いてあるでしょ、税務署に「個別評価申出書」を提出して路線価を教えてもらうんだ。

なるほど。

・・・・・・・・・・・・・・・ **特定路線価設定申出書** ・・・・・・・・・・・・・・・

個別評価の地域でないのに評価したい土地が路線価の設定されている道路に接道していない場合がある。そのときは「特定路線価設定申出書」を提出して教えてもらう。

・・・・・・・・・・・・・・・・・・・　倍率地域　・・・・・・・・・・・・・・・・・・・

この路線価図の上の方、
「倍率地域」というのはどうするんですか？

この辺りは市街化調整区域だから路線価がなくて、路線価では評価しない。これは評価倍率表を見るよ。路線価での評価は路線価に土地の面積をかけて形がいびつとかの補正をするけれど、倍率での評価は土地の面積に倍率をかけておしまい。

| 令和 2 年分 | 倍　率　表 | | | | | | | | 1 頁 |

市区町村名：さいたま市緑区　　　　　　　　　　　　　　　　　　　浦和税務署

音順	町（丁目）又は大字名	適　用　地　域　名	借地権割合	固定資産税評価額に乗ずる倍率等					
				宅地	田	畑	山林	原野	牧場 池沼
			％						
お	大崎	市街化調整区域							
		1　農業振興地域内の農用地区域			純 43	純 60			
		2　上記以外の地域							
		（1）国道463号線バイパス沿	60	1.1	中 60	中 99	中 152	中 152	
		（2）国道463号線沿	60	1.1	中 60	中 99	中 152	中 152	
		（3）県道さいたま場ヶ谷線沿	60	1.2	中 60	中 99	中 152	中 152	
		（4）上記以外の地域	50	1.1	中 57	中 87	中 128	中 125	
	大牧	市街化区域	—	路線	比準	比準	比準	比準	
		市街化調整区域							
		1　農業振興地域内の農用地区域			純 24	純 53			
		2　上記以外の地域	50	1.1	中 36	中 66	中 107	中 125	
	大間木	市街化区域	—	路線	比準	比準	比準	比準	

倍率地域の「農業振興地域内の農用地区域」に農地を持っている場合、倍率が変わるから、「農業振興地域内の農用地証明書」を取得しておく必要があるね。

・・・・・・・・・・・ 市街化区域と市街化調整区域 ・・・・・・・・・・・・

市街化調整区域ってなんですか？

町を作るために、都道府県知事や国土交通大臣が都市計画区域を定める。その時に市街化を進める地域と市街化を抑制する地域とに分ける。

市街化を進める方が市街化区域で、抑制する方が市街化調整区域。市街化調整区域は路線価が付されていないことが一般的なんだ。

市街化抑制区域と言ってくれればわかりやすいのに……。

・・・・・・・・・・・・・・・・・・ 用途地域 ・・・・・・・・・・・・・・・・・・

確かにそうだね。ついでに説明しておくと、市街化を進めるべき市街化地域には用途地域が定められる。用途地域が指定されると、建物の種類や建ぺい率、容積率などを決めることができる。

用途地域って何ですか？

市街化地域で無秩序な開発がされないように、この地域は住宅しか建てられないとか、反対に工業用の建物しか建てられない、ということを定めたものだよ。第一種低層住居専用地域はほぼ住宅、しかも、ほとんどの場合 2 階建てまでしか建てられない、とかね。

わ、厳しいですね。

こういう制限があることを知らないで、土地活用を考えてしまうとトラブルのもとになることがあるんだ。

······ 地番と住所をつなげてくれるブルーマップ ······

ブルーマップって何ですか？

住宅地図と公図を重ねてあるものだよ。土地の特定がしやすいんだ。

ふうん？

固定資産税課税明細書や登記簿に土地は「地番」で記載される。地番は一筆ごとの土地につけられた番号だよ。公図に記載されているのも地番だね。公図は土地の形状がわかるだけで、どんなふうにその土地が使われているのかはわからない。

土地の使用状況がわかるのは住宅地図。住宅地図は「住居表示」での記載だから登記簿の記載と一致しない。そこで両方重ねてあるブルーマップが便利なわけ。

なるほど。

ただ、ブルーマップは高いんだよ。1冊2、3万円する。

高い！

国会図書館でコピーできるよ。うちは相続案件が多いからいちいち国会図書館に行くのも大変。「ZENRIN GIS パッケージ税理士」を使っているよ。

ZENRIN GIS パッケージ？

ゼンリンという会社が提供しているwebサービスだよ。これは本当に便利。ブルーマップの情報に加えて路線価や用途地域、建ぺい率や容積率までネット上で閲覧できるんだ。

えーすごい！容積率も宅地の評価に影響しますもんね（財産評価基本通達20-7）。

せっかくブルーマップを買っても、容積率が変更されることもあるし古いものは使えない。ZENRIN GISパッケージが便利だよね。

・・・・・・・・・・・・・　雑種地を持っている場合　・・・・・・・・・・・・・

固定資産評価証明書や名寄帳は委任状があれば他人であっても取得できる。委任状は各市区町村のホームページで取得できることが多いよ。

私たちが代理で取得できるんですね。

市区町村の役所で取得するとき、駐車場のような雑種地が倍率地域にある場合、その土地の**「近傍宅地 1 ㎡当たりの固定資産税評価額」**も聞いておく。評価で必要なんだ。

土地の評価に必要な資料

この他にもまだ必要な資料があることもある。

まだあるんですか

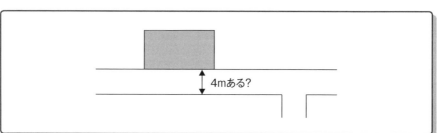

4mある?

例えば、この土地は昔、僕が相続税の申告書を書いたお宅の土地なんだけど、上に家が建っている。土地の前の道が公図でみると 4 mあるかないかギリギリ。俗にいう 2 項道路の可能性がある。

2 項道路?

建築基準法では、建物の敷地は建築基準法上の「道路」に接道していることが必要で、ここでいう道路は幅員が4m以上のものをいうんだ。でも、日本には幅員4mもない道がたくさん存在するから、それだと建物を建てられなくなってしまう。

4mなくても一定の条件を満たせば建築基準法上の道路とみなす、と定めているのが建築基準法第42条第2項。
そこから2項道路と呼ばれている。2項道路はセットバックが必要なんだ。

セットバックとは？

2項道路の中心線から2mの範囲には建物や塀などを造ってはいけないんだ。

自分の土地なのに建築しちゃいけないなんて。

相続税を計算する上でもそこを考慮していて、セットバックの部分は評価が下がるんだ。

試験問題だと、「将来再建築の際に、現在の道路の境界線から0.5m後退（セットバック）して道路敷きとして提供しなければならないことが判明している」ってはっきり書いてあるからその通りに計算するけど、実務だと自分で気づかなきゃいけないのか 💧

税理士試験　令和元年相続税法試験問題より

⑸ 宅地Lは、子Aへ遺贈する。

　宅地L（288 ㎡）は、路線価地域（普通住宅地区）に所在し、その地形等は次のとおりである。

　幅員 3 m の道路は建築基準法第 42 条第 2 項に定める道路に該当することから、その道路に接する部分は、将来再建築の際に、現在の道路の境界線から 0.5 m 後退（セットバック）して道路敷きとして提供しなければならないことが判明している。

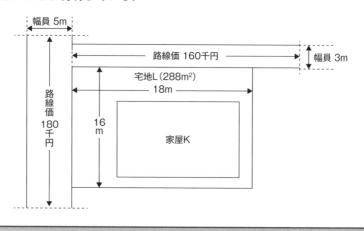

試験では問題文に書かれていた前提を、自分で気づいて裏付けを取る必要がある。

セットバックが必要な土地であることの裏付けってどうやって取るんですか？

市区町村の役所で書類を取得する。市区町村によって課の名前が違うこともあるんだけど。

まずは、「土木管理課」に行って「道路台帳」を見せてもらう。道路台帳では道の幅員がわかる。幅員が 4 m 未満ならセットバックが必要。

それと建築計画概要書を取得したい。さいたま市では「建築審査課」で取得できる。土地の間口、奥行き、前面道路の幅員、セットバックの状況を知ることができるよ。

「建築計画概要書」は、こんな建物作ります的な書類なので、ほんとにこんな建物が建っているとは限らないそうだから、現地確認を省略していいわけじゃないけど、これでだいたいのことが把握できる。

・・・・・・・・・・・・・・・ 位置指定道路とは ・・・・・・・・・・・・・・

道路台帳で幅員のわからない、公図で見ると地番が入っている道があるんだけど、この場合は「位置指定道路」の可能性がある。「建築指導課」で見ることができるよ。そこで「道路位置指定申請図写し」をもらう。これで幅員4mなかったらセットバックが必要。

位置指定道路とは？

道路法上の道路ではないけれど、建築基準法上、建物を建てていいとされる道路だよ。よく見かけるのが相続で売りに出された土地が広すぎて道を入れないと建物が建てられないときに造る道だね。

土地を分割してそれぞれの土地に建築物を建てる場合

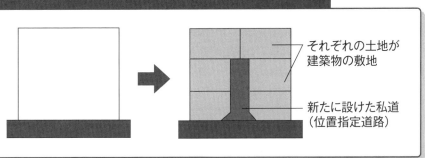

それぞれの土地が建築物の敷地

新たに設けた私道（位置指定道路）

ついでに、セットバックを調べに行ったのに実は違法建築なんてことも。建築基準法上の道路に接していない土地に建物は建てられない。建っていたとしても再建築できない。「道路」に接してないから無道路地評価。

土地の評価って奥深すぎる 💦

土地の評価はいろんなセミナーがあるから、まずそちらを受講した方がいいね。あと、書籍は新しいものを購入すること。

税法や通達はちょこちょこ変わるし、平成 29 年には、税法も通達も変わっていないけれど、適用する通達を変えて評価するようになった土地もあるし。

といいますと？

歩道状空地の評価だよ。開発行為の許可を受けるために歩道状空地を造らなくてはならないことがある。インターロッキング舗装がされた土地のことで、居住者以外の人が自由に歩ける。

自由に歩けるなら私道ですよね？

でも、以前は財産評価基本通達 24（私道の用に供されている宅地の評価）で評価できなかったんだ。建物の敷地として評価していた。

え、ひどいな。

そこで裁判を起こした人がいて、今は通達の 24 で私道扱い。こうやって変わるから、書籍は新しいものをね。

2.土地の評価　素朴な疑問

・・・・・・・・・　公図って正しいの？　・・・・・・・・・

試験では、真四角の土地の評価しか出てこなかったからなあ……想定整形地を作って間口と奥行きがいくつかな……あれ？登記上の面積よりも想定整形地の面積の方が小さくなっちゃった！　こんなことあるの？

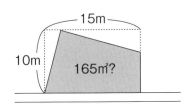

登記上の面積 165㎡
想定整形地の面積 150㎡？

あるある。公図って古いんだよ。国土交通省が出している「公図と現況のずれ Q&A」にあるように、公図の多くは明治時代の地租改正に伴うものだっていうんだから。

地租改正！？

えーっと、近代史でやったような……

江戸時代の物納で課税基準・税率が藩ごとにバラバラだったものを、明治政府が地価の３％を金納と統一したのが地租改正。検地や検見が廃止されて新たに地押丈量したんだ。

ジオシジョウリョウ？

地押丈量は測量のことだよ。このときに、土地の位置、形状、地番、面積を記した「野取絵図」（のとりえず）または「字図」（あざず）と呼ぶ絵図が作成されて、これが公図の原型になったんだ。

地租改正に反対する農民の騒動が頻発したから、江戸期の検地成果を踏襲した部分があったし、実際の地押丈量は納税者側で行った。地押丈量が実際の面積と公図のズレの原因といわれているよ。

どうしてですか？

縄伸び

田畑の面積が大きいとたくさん税金を納めなくてはならない。農民は重い税金を少しでも減らそうと測量の縄の結び目の間隔を正確な長さよりも長めにとった縄を使ったんだよ。

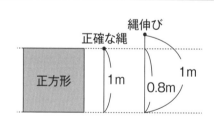

縄伸び
正確な縄
正方形　1m　0.8m　1m

正確な縄　1m×1m＝1㎡
縄伸び　0.8m×0.8m＝0.64㎡

……そうすると実際の面積よりも小さくなりますね。

だから、たいてい実測面積より登記面積は小さい。これを「縄伸び」というんだ。それに、測量技術も昔とは雲泥の差だから誤差はどうしても出るよね。

でも、昔のままなら登記面積も公図も同じにならないかな？

区画整理があったり、建物を建てたりすると測量する。そのときに面積は更正登記をしているんだよ。土地売買のときは、たいてい実測と登記簿がズレていることを前提に、とりあえず登記面積で契約して、引渡しの時までに測量して実測で精算する条項を入れているものが多い。

なるほど。だから公図は昔のままで登記簿の面積は正しくなっているのか。

今、竹橋くんが評価しようとしている土地は上にアパート建設をしているから、測量図もあるはず。Hさんに聞いてみよう。

先輩、地押丈量とか、よくご存じですね。

細かいところが気になって調べてしまうのが僕の悪い癖。

どっかで聞いたことのあるセリフだなあ。

ばれたか。あと、登記情報提供サービスで地積測量図も見ることができるよ。

そしたら、全部の土地、公図じゃなくて地積測量図を取得すべきでは？

残念ながら登記のときに地積測量図の提出義務はないから測量図のない土地も多いんだ。でも、提出されている場合もあるので評価対象地の地積測量図があるか確認してみた方がいいね。

・・・・・・・・・・・・・　**相続税申告に測量は必要？**　・・・・・・・・・・・・・

素朴な疑問なんですけど、測量ってしなくていいんですか？財産評価基本通達 8 には「地積は、課税時期における実際の面積による」とありますよね。

「実測」とはいってないでしょ？

「実際」となっていますね。

実際、という言葉は実測を意味しない。国税庁ホームページ質疑応答事例で、「すべての土地について、実測することを要求しているのでしょうか？」という問いに対して、「すべての土地について、実測を要求しているのではありません」と書かれている。なにか合理的なものであればそれでいいのさ。

だから登記面積や公図を使っているんだ。

実際に測量した資料があるのであれば、話は別。建物を建てて実測の数値があるにもかかわらず、公図などで評価をした場合、調査で指摘される可能性があるよ。

なるほど。

相続した土地を売却することになって、申告後に測量したら面積が実際とは違うと判明した場合には、相続税の修正申告（面積が小さければ更正の請求）をしなきゃいけないよ。

相続税の申告のためだけに測量をする必要はないけれど、正しい資料があるならそちらを使う、という感じですね。

‥‥ 財産評価基本通達って通達課税じゃないの？ ‥‥

さらに素朴な疑問ですけど、前に通達に納税者は必ずしも従う必要はないって教えてもらいましたけど、相続税の評価って、まさしく通達課税そのものだと思うんですけど(前著① 218 頁参照)。

ははは、そのとおりだよね。税理士は不動産鑑定士じゃないから、土地の時価なんてわからないんだ。でも、相続税の申告には土地の時価を出さなきゃいけない。国側がこの通達に沿っていれば時価と認めるといっているからありがたく使っている。一種の割り切りなんだよ。

割り切りかあ。

実際、突っ込みどころは満載なんだよ。間口が狭い土地は補正率があるよね。間口が 4 m未満の場合の補正率は一律になっている。僕に言わせれば、ちょっとザックリしすぎなんじゃないかと。

建築基準法では、幅員4m以上の道路に2m以上接していない土地には建物は建てられないことになっている。建物を建てられない土地なんてほとんど市場価値はない。でも、通達の補正率は間口が4m未満はみんな一緒。

建てられる土地と建てられない土地の補正率が一緒、って確かにザックリですね。

あまりにも市場価格と評価額がかけ離れている場合は不動産鑑定士に鑑定を依頼することもあるよ。

第 6 章

預金
·········

‥‥‥‥‥‥‥‥‥　調査官は預金が好き　‥‥‥‥‥‥‥‥

相続で一番調査官が好きなのが預金かなあ。

 え、好きなんですか？

正直、土地ってあまり漏れる可能性はないんだ。名寄せ（固定資産課税台帳）に載ってくるから。でも、預金は被相続人が生前にごっそり相続人に贈与していたりして、見つかると増差が大きいから、調査官は重点的に見てくる。

 ゾウサ？

申告書に載っていない財産が見つかったり、税額が増えることだよ。

‥‥‥‥‥‥‥　取引のあった金融機関の探し方　‥‥‥‥‥‥

だからこちらも預金に関しては徹底的に調べたいね。
まずは、どこの金融機関と取引があったかを突き止めないと。

前にも説明したけれど、通帳やカードのある金融機関以外でも、カレンダー、葬儀の参列者やメモなどから被相続人の住んでいた土地で主力の金融機関、その土地密着の信用金庫などに取引がないか、あとはゆうちょ銀行と取引がなかったかを必ず確認する。

ゆうちょ銀行は、まず「相続確認表」を提出する。それから必要書類の連絡がくるので、相続が発生すると他の金融機関よりめんどくさいんだよなあ。

相続確認表ですか？

他の金融機関は、法定相続情報一覧図の写しでいけるところも多いのにね。使っていないゆうちょ銀行がある場合、解約してもらった方があとあと楽かも……。

ゆうちょ銀行の相続確認表

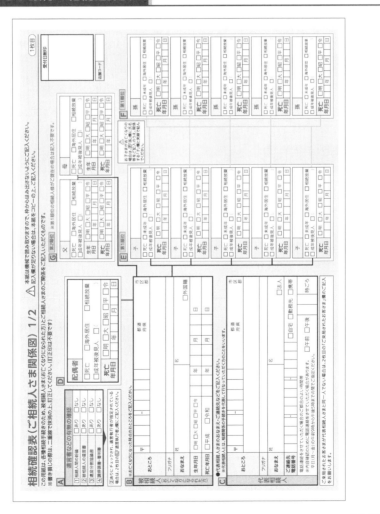

定期預金の既経過利息は
必ず計算してもらう

口座があった場合、残高証明書の発行を依頼する。前に説明したけど定期預金があれば、既経過利息の計算も依頼しておく。

預金取引のピックアップ項目

通帳は過去5年分もらうよ。被相続人、相続人の分を揃えてもらう。なければ金融機関に取引履歴を発行してもらう。拒否する相続人は仕方ないけれど、同居していた相続人の通帳は必ずもらいたいね。通帳をもらったら、主に以下のものをピックアップしていく。

ピックアップ項目

○金額が50万円以上の入出金
○摘要に以下の印字があるもの
　・保険料、もしくは保険会社の名前
　・クレジット会社名
　・証券会社名、信託銀行名
　・貸金庫
　・配当

カシキンコと印字されていて、1年に1回いくらか引き落とされているのは貸金庫を借りているから。権利証や証券、金地金、現金なんかが入っている可能性があるから貸金庫の中身を相続人に確認してもらう。

といっても貸金庫を相続人は勝手に開けられない。いろいろ持参する書類があるから銀行に行く前に確認した方がいい。

保険料、もしくは保険会社の名前が書いてある出金は、契約書などを確認して、被相続人の死亡が保険事故であるものは請求してもらう。被相続人の死亡が保険事故ではないものも相続財産として計上する必要があるから保険内容の確認は確実に。

みなし相続財産のところでもみましたね。

クレジット会社名の出金は、引き落とし額が多額の場合、家族カード分の可能性がある。購入品のうちに贈与にあたるものがないかを確認するため、**カード取引明細**を出してもらう。

家族カードなんてあるんですね。

資産家は結構持ってるんだよね。あとはデパート系の家族カード。家族が絵画とか宝石類とか高価なものを買っていたりすると贈与とかめんどうな話になってくる。

お金持ちっていいなあ。

証券会社名、信託銀行名が書いてある入出金は、株や投資信託を持っている可能性が高いから、まずは郵便物などを探してもらって、証券会社に**顧客勘定元帳**を請求する。

コキャクカンジョウモトチョウって何ですか？

株式取引の売買及び入出金が記載されているものだけど、顧客勘定元帳は、預金通帳の証券取引版みたいなものだから、これも取り寄せてもらうんだ。顧客勘定元帳の入出金と被相続人の通帳が一致するかをチェックする。

生命保険、貸金庫、カード取引明細、顧客勘定元帳、株式残高証明書あたりは対応してもらうのに時間がかかることが多いから、まず通帳を預かったらざっと目を通して、見つけたら請求をかけてしまうといい。

なるほど。

そのあとで、じっくり預金分析に入るよ。被相続人、相続人の通帳から50万円以上の入出金を抽出して、エクセルにまとめるんだ。そうすると、口座間の資金移動や被相続人と相続人の間での資金移動がはっきりわかる。それで贈与があったかどうかを確認するんだ（次ページ参照）。

わ、これなら資金移動がハッキリわかりますね。

でしょ？　だから贈与って隠せないんだよね。これをもとに、この資金移動は何に使ったのかとか、贈与だったのか、借りたのなら相続財産として計上しましょうかとか、相続人と話を詰めていくんだ。

贈与されませんでしたか？　とザックリ聞くよりも、このお金は何に使ったんですか？　と聞く方が思い出しやすいですものね。

預金調査

日付	甲銀行 乙(支) 残高別金利型普通 0000001		乙銀行 総合 1234567 T(支)(定期有)		丙銀行 普通 1230000 乙(支)	ゆうちょ銀行 10280-000000 相続人名義
	残高					
25.2.7	△140,000	支払機				
25.2.8			1,000,060	定期		
25.3.18	△350,000	支払機	△500,000	自動機		
25.4.10					△1,000,000 解約	
〃						
25.6.17	△350,000	支払機	△500,000	自動機		
25.9.21	△47,900					
25.9.27	△47,900	セイメイホケン				
25.12.3	△150,000	支払機	△300,000	自動機		
26.1.31						
26.8.20	△500,000	支払機				
26.8.21	△500,000	支払機				
26.8.22	△500,000	支払機				
26.8.23	△500,000	支払機		老人ホーム入居金		
26.8.25	△500,000	支払機	1,000,098	定期		500,000 通帳
26.8.27	△500,000	支払機	△500,000	自動機	△1,000,000 解約	500,000 通帳
26.8.28			△500,000	自動機		
26.9.12						
26.9.19	△47,900	セイメイホケン				
26.9.29			△500,000	自動機		
26.10.22	△500,000	定期全解約				450,000 通帳
27.1.19	△500,000 7,571,407	定期全解約				400,000 通帳
27.1.20	7,571,407	定期より				
〃						
27.3.17	△200,000	支払機				

‥‥‥‥‥　預金に入金になったものは「預金」　‥‥‥‥‥

前にも説明したけれど、退職金や保険金が入金になって預金の中に残っているものに対して、500 万円×法定相続人の数の非課税枠が使えると勘違いする人も多いけれど、これは単なる現預金なんだ。

 亡くなったことが原因で、相続開始後に受け取ったものに非課税枠は適用されるんですよね。

そう。最近はリビングニーズ特約といって、余命 6 か月以内と判断された場合に、本来は亡くなったあとに支払われる死亡保険金を生前に受け取ることができるとする特約がある。これも非課税枠が使えると勘違いする人がいるけれど、生前に受け取っているから単なる預金。

 じゃあ、リビングニーズ特約で、例えば 3,000 万円受け取って使わずに亡くなってしまったら、そのまま非課税枠が使えずに相続財産となるのか

そうなんだよ。
生前に使途がはっきりしているならとてもいい制度だけどね。

第 7 章

債務控除・葬式費用

1.債務控除

・・・・・・・・・・・・・・・・・ 債務とは ・・・・・・・・・・・・・・・・・

> プラスの財産から差し引くことのできる債務は
> こんなものがあるよ。

・ 水道光熱費
・ クレジットカードの未払分
・ 医療費
・ 被相続人の所得税、住民税、固定資産税、社会保険料など
・ 借入金

・・・・・・・・・・・・・・・ 医療費 ・・・・・・・・・・・・・・・

> 生計が一なら相続開始前に支払った医療費は相続人か被相続人
> の有利な方の確定申告で医療費控除を受ければいい。でも、亡
> くなったあとに支払った医療費は相続人の医療費控除しかダメ。

> そうか、被相続人は亡くなったあとに自分の医療費を払えない。

> 被相続人が亡くなったあとに相続人が支払って、相続人の医療
> 費控除に使った医療費は、相続税の債務控除に使える。

> あら、使っていいんですか？

亡くなったあとの分は未払い。相続人の医療費控除に使った医療費は債務控除に使えないのではと勘違いする人もいるけれど、どっちにも使えるんだよ。

 ちょっと得した気分ですね。

どちらの税法にも、片方使ったら片方がダメなんて決まりはないからね。

生計が一の場合の医療費	支払者（申告者）	生前支払分	死後支払分
医療費控除（所得税）	相続人	控除 OK	控除 OK
	被相続人	控除 OK	——
債務控除（相続税）	相続人	——	控除 OK

・・・・・・・・・・・・・ 税金、社会保険料 ・・・・・・・・・・・・・

住民税は 1 月 1 日に住民票のある地方自治体に、固定資産税は 1 月 1 日に固定資産がある地方自治体に対して納付する義務が発生するから、亡くなったのが納税通知書の送られてくる前であったとしても全額が債務控除の対象となる。

 住民税って令和元年分所得ベース計算の令和 2 年度 (令和元年分) の住民税は、令和 2 年中に納税ですよね。相続開始が令和元年の場合、準確定申告分の所得に対する住民税って債務控除の対象ですよね。自分で計算するんですか？

いや、相続開始が令和元年中なら令和2年1月1日に住民票はないから、令和元年中に所得が発生していても令和2年度（令和元年分）の住民税の負担は発生しないんだ。

あ、そうなのか。亡くなった年分の所得に対応する住民税って発生しないんだ……。

国民健康保険税などは未払いがあれば債務控除の対象となるけれど、前納していた金額が還付されたら未収金で計上するよ。

······　借入金・未払金・買掛金・敷金・保証金　······

借入金は知り合いからの借入れのような個人的なものから事業用の未払い、買掛金、金融機関からの借入れ、不動産賃貸業を営んでいるなら入居者から預かっている敷金・保証金など、返す義務があるものは全て含まれる。

確定申告をしていたなら決算書残高や不動産賃貸借契約書、金銭消費貸借契約書や借入金残高証明書などで確認する。

知り合いからの借入れって相続人は知っているのかな？

金額の大きいものは、個人間の借金であってもメモとか借用書があるものだよ。資産家だと貸す方になることが多くてプラスの財産になっちゃうことが多いけど……個人間の貸し借りは相続税の申告書に記載する前に、本当に貸し借りがあったのかを相手方に確認した方がいいね。

2.葬式費用

・・・・・・・・・・・・・・・・ **葬式費用になるもの** ・・・・・・・・・・・・・・・・

葬式費用としてプラスの財産から差し引くことができるものは、通夜、葬儀、告別式の費用、お寺に払ったお布施、お斎などの飲食代、遺体運搬費、火葬料、納骨費用、手伝ってくれた方への寸志。

 手伝ってくれた方から領収書をいただくんですか？

法人税や所得税と違って領収書もらってとは言わないよ。メモでいい。最近、お寺は領収書をくれるようになったね。

・・・・・・・・・・・・・・・・ **会葬御礼と香典返し** ・・・・・・・・・・・・・・・・

葬儀では香典をいただくけれど、これは相続財産に含めなくていい。その代わりに香典返しも葬式費用には入れられないんだ。でも、会葬御礼は葬式費用に入る（相続税法基本通達13-4、13-5）。

 「会葬御礼」と「香典返し」の違いがイマイチ……。

「会葬御礼」は、香典をいただいたかどうかにかかわらず通夜や葬儀に参列した方にお渡しする品で、「香典返し」は香典を包んでくれた方にお渡しする返礼品。

香典返しをしないと会葬御礼が葬式費用に入らないという意見も見かけますよね。

僕は香典返しをしてもしなくても会葬御礼は葬式費用に入ると考えているよ。相続税法基本通達 13-4（2）が会葬御礼と考えられるけれど、香典返しをした場合でないと認められないなんてどこにも書いていないんだ。

相続税法基本通達 13 − 4

　法第 13 条第 1 項の規定により葬式費用として控除する金額は、次に掲げる金額の範囲内のものとする。
（2）　葬式に際し、施与した金品で、被相続人の職業、財産その他の事情に照らして相当程度と認められるものに要した費用

相続税法基本通達 13 − 5

　次に掲げるような費用は、葬式費用として取り扱わないものとする。
（1）香典返戻費用
（2）墓碑及び墓地の買入費並びに墓地の借入料
（3）法会に要する費用
（4）医学上又は裁判上の特別の処置に要した費用

その土地の名士が亡くなったとき、葬儀参列者に一律にハンカチなどを配ったりすることがあるけど、これが会葬御礼。香典返しとは別に考えていいと思う。

‥‥‥‥ 初七日や四十九日は葬式費用とならない ‥‥‥‥

初七日や四十九日、これらは法会（ほうえ）であって、葬式ではないから葬式費用には入らないんだ。

ホウエ？

法会は死者の追善、供養だね。相続税法基本通達 13-5（3）で法会に要する費用は葬式費用にならないとある。

どうしてお葬式は OK で、法会はダメなのかしら。

法会はもともと仏教用語。それに、死者の追善、供養は宗教によってやったりやらなかったりまちまちだから。仏教の場合は四十九日というけれど、神式の場合は五十日祭。

キリスト教は、カトリックは追悼ミサ、プロテスタントは記念集会。ミサや記念集会は亡くなってから 30 日前後。キリスト教での「死」は神の御許に帰ることで、法会というわけでもなく、日本の法会よりもアバウトみたいだね。

四十九日の法会が葬式費用に含まれないのは宗教によっていろいろだからと聞いてはいたけれど、本当に宗教によって違うんですね。

どこの宗教もお葬式はあるし、無宗教でもお別れの会をやったりするから葬式費用は相続財産から控除できるけれど、法会はあったりなかったりだから、控除したらある一定の宗教だけ有利に扱うことになってしまう。

Ｈ家のおじいちゃんの葬儀では初七日を葬儀と一緒に執り行っていたようですけど、これはどうなるんですか？

葬儀と一緒に請求されていて、金額が分けられないなら葬式費用に含めて大丈夫だよ。

・・・・・・・　放棄した人は債務控除を受けられない　・・・・・・・

相続を放棄をした人は債務控除を受けられないけれど、葬式費用の負担をした場合には控除していいとされているよ(相続税法基本通達13-1)。

放棄しているのだから財産は相続していないのでは？

放棄していても「遺贈」によって財産を取得することがあるよ。

イゾウって何でしたっけ？

遺言によって財産を取得することだよ。

放棄しているのに財産を受け取ることができるんですね

放棄は相続人でなくなるけれど、受遺者であることまで否定はしないからね。

放棄していても生命保険金は受け取れますよね。

あれは本来、受取人の固有の財産。相続税法上、財産とみなしているだけだから。放棄していて生命保険金を受け取った場合も葬式費用を負担した場合は控除することができるよ。

・・・・・・・・・・・・・・・ サラリーマンの相続 ・・・・・・・・・・・・・・・

前の会社の上司で、マイホームを購入してすぐに亡くなってしまった方がいて、奥様とお子さんはこの後どうなるんだろうと他人事ながら心配だったのですが、住宅ローンは債務控除を受けられますよね？

いや、おそらく受けられないね。

そんな……。

住宅ローンはたいてい団体信用生命保険に加入している。団信なんて略して呼ぶよ。これはローンを組んだ人が亡くなった場合、保険金でローンを完済することができる。

相続税を計算する上では債務控除の対象とはならないけれど、ローンに苦しむことはないよ。自宅敷地は特例が使えて評価が下がるだろうし。

なら良かったです。

第 8 章

相続税対策

1.「借金すると相続税が安くなる」はウソ

・・・・・・・・・　相続にまつわる都市伝説！？　・・・・・・・・・

 H家のおじいちゃんはアパート経営をしてましたけど、これは借金をすると相続税負担が軽くなるからですか？

 よく言うよね、そうやって。

残念ながら借金では相続税は1円も安くならないんだよ。

 え？　そうなんですか？

相続税は、財産から負債（借金、ローン等）を差し引いた「正味の財産額」をベースに計算するよね。仮に財産が現金1億円の人が、1億円の借金をしたら？　T字勘定を書いてごらん。

 1億円借金をすると、1億円お金が増え、1億円借金が増え、2億円の財産と1億円の借金。

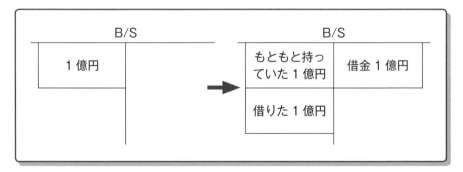

正味の財産は1億円ですね。

実質は変わらない。借金をしただけでは何の変化もないんだよ。

 どうして巷では借金をすると相続税が安くなるという話がまことしやかに出回っているのでしょう？

「借金をして相続税が安くなる」のは建物や車など、評価を必要とするものを借金で購入した場合。竹橋くん、建物の相続税評価額は？

 固定資産税評価額です。

そうだね。固定資産税評価額は材質などにもよるけれど、建築価額の約7割。1億円の建物を建てたら、相続税評価額では7,000万円。

 1億円の現金と7,000万円の建物、1億円の負債となるから、相続税計算における正味財産は7,000万円。建物を建てる前より3,000万円も正味財産が減ることになりますね。

B/S	
1億円	借金1億円
借りた1億円	

B/S	
1億円	借金1億円
建物評価額 7,000万円	

139

これが、相続税が安くなる、の本当のところ。

なるほど。

さらに、建物がアパート（他人に貸す）の場合、貸家としての評価となる。竹橋くん、貸家の評価は？

借家権割合 30%、賃貸割合 100% の場合として、4,900 万円（7,000 万円×｛(1 − 30%)×100%｝）。

貸家だとさらに評価が下がるんですね。

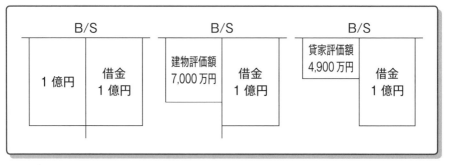

········ **貸家を建てると土地の評価も下がる** ········

ついでに敷地も貸家建付地（自用地評価×（1 −借地権割合））という評価減ができて相続税評価額が下がってこれも相続税が減る一因となる。おじいちゃんがアパート建築をしたのはこれも理由のひとつだよ。

・・・・・・・・・・・・・・・ アパートの節税効果 ・・・・・・・・・・・・・・・

残念ながら、これには落とし穴がある。建築してから年月が経過すると、借入れの返済が進み、節税効果が薄れていくんだ。

H家のおじいちゃんはそれに気づいていて、アパートが完成したときにお礼の電話をもらったんだけど、その時に「今、私が死ねばみんなが一番得をするんだよね」と言われて、言葉が出なかったよ。

 ……確かにそうですね。

僕の頭の中は、税金のことばかりになっていたんだ。これで相続税負担がかなり抑えられると得意気だった。でも、誰だって自分が亡くなった後のことを話すのは面白くない。たとえ自分で相続対策を言い出したとしても、だよ。

 おじいちゃん、頭いいな🎵 先輩はなんて答えたんですか？

その通りです、としか言えなかった。後日、おじいちゃんの気持ちも考えずに相続税のことだけしか頭になくて申し訳なかったと謝りに行ったんだ。おじいちゃんは快く許してくれてね。

  ああ、よかった。

それ以降、前よりも打ち解けて話せるようになった。程なくして非嫡出子がいることを打ち明けられて、遺言書作成のお手伝いや、愛人の方や非嫡出子に財産を渡したいという希望を聞いて、アパートの収益を贈与や生命保険加入の原資にしたりしたんだ。

おじいちゃんが話してくれたからこそ打てた対策だったんですね。

・・・・・・・・・・・・・　**賃貸用物件にまつわる税金**　・・・・・・・・・・・・・

建物を建てると不動産取得税が発生する。

不動産取得税？

地方税だよ。相続で不動産を取得した場合、納税義務はないけれど、建てたとき、すでに建っているものを購入したとき、贈与を受けたときに課税される。税率は土地・住宅は3％、住宅以外の家屋は4％。

けっこうしますね。

でも、課税標準（税率を乗じる対象となる価格）は固定資産税評価額だよ。

実際の購入価格ではないんですね。

住宅なら大きさの要件を満たせば軽減措置があって、だいたい家族用の大きさなら一戸（一区画）につき1,200万円が控除されるよ。

それなら居住用建物の不動産取得税は発生しないことも多そうですね。

この軽減がある限りはそうなるね。物件を建てたときは、忘れたころに納付書が送られてくる。これを収支計算に入れていないとトラブルになることがあるんだ。

取得したときに1回だけ課される税金ですものね。忘れますよ🎵

あと、取得したときには登録免許税がかかるよ。

登録免許税？　ああ、登記ですね。

土地建物ともに登録免許税は相続だと1,000分の4、贈与だと1,000分の20、売買だと1,000分の20。所有権保存つまり建物を建てたときは1,000分の4。課税標準は不動産取得税とおなじ固定資産税評価額。

取得理由で税率が変わるんですね。

賃貸用物件に絡む税金はあと固定資産税。**土地**はアパート敷地が200㎡以下の部分の課税標準は6分の1、200㎡を超える部分は3分の1になる特例がある。

住宅用新築の**建物**で3階建以上は5年分、それ以外は3年分、税額が2分の1減額される。建物は年数に限りがあって、それ以降の軽減はなくなる。

土地は居住用建物が建っているなら税金は安いままだけど、建物は新築3年間だけの減額って知らないと、3年後に固定資産税が上がってビックリしちゃうかも。

資金繰りに影響するからこのあたりの税金も先にお伝えしてお
いてあげたいところだね。

2.配偶者の税額軽減

・・・・・・・・・ **配偶者の税額軽減は諸刃の剣！？** ・・・・・・・・・

相続税の負担は少ない方がありがたい。
配偶者が存命なら配偶者の税額軽減を上手に使いたい。

大盤振る舞いの規定ですね。

配偶者に対する相続税額の軽減

　被相続人の配偶者が遺産分割や遺贈により実際に取得した正味の遺産額が、次の金額のどちらか多い金額までは配偶者に相続税はかからない（相続税法第 19 条の 2）。

（1）　1 億 6,000 万円
（2）　配偶者の法定相続分相当額

でも、これは落とし穴があってね。二次相続を考えるとあまり目いっぱい使いたくない規定なんだよ。

？

シミュレーションをしてみようか。

【前提】　相続人は妻と子。1 次相続から 2 次相続の間に財産の増減はなく、母に固有の財産はないものとする。

パターン①　被相続人の財産は全て子が相続する。

● 1 次相続の財産状況

プラスの財産 1 億 5,000 万円		
マイナスの財産 800 万円	基礎控除額 4,200 万円	課税遺産総額 1 億円

● 2 次相続の財産状況……財産なし

1 次相続で子が全部相続			
	母の納税額	子の納税額	母と子合計
1 次相続	0 円	1,600 万円	1,600 万円
2 次相続	－	－	－
1 次 2 次納税額合計			1,600 万円

1 次相続

1 億円× 1/2 × 20％ － 200 万円= 800 万円× 2 人= 1,600 万円
子の納税額= 1,600 万円× 1 億円 / 1 億円= 1,600 万円

2 次相続

2 次相続なし（母は財産なし）のため納税額 0 円

パターン②　被相続人の財産は全て母が相続する。

● 1 次相続の財産状況

プラスの財産 1 億 5,000 万円		
マイナスの財産 800 万円	基礎控除額 4,200 万円	課税遺産総額 1 億円

● 2 次相続の財産状況……1 次相続で母が全部相続し、その後増減がないため 1 次相続と同様

プラスの財産 1 億 5,000 万円		
マイナスの財産 800 万円	基礎控除額 3,600 万円	課税遺産総額 1 億 600 万円

1 次相続で母が全部相続			
	母の納税額	子の納税額	母と子合計
1 次相続	0 円	0 円	0 円
2 次相続	－	2,540 万円	2,540 万円
1 次 2 次納税額合計			2,540 万円

1 次相続

1 次相続では配偶者の軽減により納税なし

2 次相続

子の納税額＝ 1 億 600 万円× 40％ － 1,700 万円＝ 2,540 万円

パターン③　被相続人の財産を母と子で 1/2 ずつ取得。

● 1 次相続の財産状況

プラスの財産 1 億 5,000 万円		
マイナスの財産 800 万円	基礎控除額 4,200 万円	課税遺産総額 1 億円

● 2 次相続の財産状況（父から母が相続した財産）

プラスの財産 7,500 万円		
マイナスの財産 400 万円	基礎控除額 3,600 万円	課税遺産総額 3,500 万円

1 次相続で母と子が 1/2 ずつ相続			
	母の納税額	子の納税額	母と子合計
1 次相続	0 円	800 万円	800 万円
2 次相続	－	500 万円	500 万円
1 次 2 次納税額合計			1,300 万円

1 次相続

1 億円× 1/2 × 20％ － 200 万円＝ 800 万円× 2 人＝ 1,600 万円

子の納税額 1,600 万円× 5,000 万円 /1 億円＝ 800 万円

2 次相続

子の納税額＝ 3,500 万円× 20％ － 200 万円
　　　　　＝ 500 万円

一番税負担が軽いのは、1次相続、2次相続でも子どもが財産を取得した場合ですね。

1次相続で税負担がないって、あとあとの負担を増やすんだ。

2次相続では法定相続人の数が少なくなる。
財産額が変わらなければ税率が上がることが多いよね。

相続人が1人減るとこんなに税率が跳ね上がるのか。

相続人の数が少ないほど、こういう現象が起こりやすいよ。

パターン②だと、2次相続で課税遺産総額が増えてますね。

2次相続だと基礎控除も減少するから、たとえ財産額にまったく動きがなくても配偶者の基礎控除分、課税遺産総額が増えてしまう。

確かに配偶者の税額軽減をフルで使うと2次相続がつらくなりますね。

そうなんだよ。フルで使わないことは争族対策にもなるしね。

?

配偶者の相続は、1次相続とさほど遠くないうちに発生する。今回の相続では配偶者が存命だからあまり欲張らないで黙っていても、2次相続では権利を主張する相続人が出てくることがある。

お金に困っている相続人がいるとか、不仲な場合は、あまり配偶者に寄せないで1次相続でケリをつけた方が良いこともある。

なるほど。

配偶者の税額軽減を活用したいケースもあるんだよ。土地活用をすることが決定している場合は、とりあえず1次相続の税額は軽減を受けて、2次相続では評価額が下がって税額も減るわけだから。

・・・・・・・・・ 配偶者の税額軽減は申告しないと 適用できない ・・・・・・・・・

この配偶者の税額軽減は、配偶者の取得する財産が決まっていて、相続税申告書を税務署に提出しないと適用できない。この軽減を使えば納税が0円だからといって申告しないのはダメなんだよ（相続税法第19条の2第3項、相続税法基本通達27-1）。

そうなんですね。
じゃあ、分割が申告期限までに決まらなかったら？

適用できないんだ。適用しないで納税するしかない。

じゃあ、なんとしても申告期限までに分割をしないとなんですね。

いや、申告期限までに分割できなかった場合は一旦納税するけれど、「**申告期限後3年以内の分割見込書**」の提出をしておけば、相続開始から3年10か月以内の分割なら更正の請求ができる。配偶者の税額軽減を適用して還付してもらえるよ。

3年10か月でも決まらなかったら？

3年10か月を経過する日の翌日から2か月を経過する日までに「**遺産が未分割であることについてやむを得ない事由がある旨の承認申請書**」を提出すれば、それ以降でも特例の適用を受けることができるよ。

3年10か月を経過する日の翌日から2か月以内、って、「申告期限後3年以内の分割見込書」の有効期限を過ぎてますよね？

有効期限内なら頑張って分割してください、ということなんだろうね。期限内のうちから「分割できません」なんて宣言してるようじゃやる気あるの？　って思われそうじゃない？

なるほど（苦笑）。

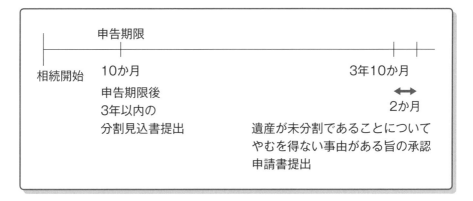

3.小規模宅地等の特例

・・・・・・・・・　要件にあてはまると最大80%オフ！　・・・・・・・

相続税の節税で必ず出てくるのがこれ、小規模宅地等の特例だろうね。これは申告をしないと適用できないことになっている。

小規模……小規模企業共済？

いやいや、全く違うよ（笑）。

だって「小規模」ってついてるんだもん！！

確かについてるけど（笑）。

被相続人の住んでいた土地の評価額が1億円だとしたら、330㎡まで80%オフの2,000万円として相続税を計算していいよ、という特例（租税特別措置法第69条の4第1項）だよ。事業用、貸付用でも面積や減額割合が変わるけれど適用がある。

特例、ということは租税特別措置法ですね。

昔は違ったんだよ。被相続人の事業の用又は居住の用に供されていた宅地のうち面積200㎡までの部分のいわゆる小規模宅地については、通常の方法で評価した価額の80%相当額によって評価されていたけれど、根拠は通達だった。それが昭和58年に法制化されたんだよ。

小規模宅地等の特例の減額割合

相続開始の直前における 宅地等の利用区分			要件	限度 面積	減額され る割合
被相続人等の居住用の宅地等		①	特定居住用宅地等に該当	330m²	80%
被相続人等の事業の用に供されていた宅地等	貸付事業以外の事業用の宅地等	②	特定事業用宅地等に該当	400m²	80%
	貸付事業用の宅地等	③	同族会社に賃貸し、同族会社によって事業が行われている	400m²	80%
		④	貸付事業用宅地等に該当	200m²	50%

※簡略化してあります。

・・・・・・・・・・・・・・・・・ 特例が使える人 ・・・・・・・・・・・・・・・・・

配偶者・六親等内の血族・三親等内の姻族が要件に合致する土地を取得した場合に適用があるよ。

相続人よりも範囲が広い……
相続人でなくても適用できるんですか？

そうなんだ。もちろん遺言で遺贈されることが前提だけどね。

小規模宅地等の特例ってけっこう緩い気がする。

居住用の土地は、住んでいるから更地と違って処分しにくい。貸付用はともかくとして、事業用土地は事業が雇用の場だし、取引先等と密接に関連していて、他の多くの者の社会的基盤となっていて処分しにくい。それにがっつり相続税を課税するのは影響が大きいでしょ。

雇用が脅かされるのは困りますよね。

自由度が低いと評価が下がる、貸家建付地みたいなもんですかね。

そうだね。一番使うのが**特定居住用**だからそれを説明しよう。

·········　取得する人によって要件が変わる　·········

土地を取得した人によって要件が変わるから気を付けないといけない。配偶者以外の**同居親族が取得した場合は、申告期限まで所有して住み続けている必要がある**。

配偶者の場合、要件はない。特定居住用の適用を受けるには被相続人と同居している必要はないし、相続して申告期限を待たずに売却しようが問題ない。

配偶者は無条件で適用できるけれど、同居親族には条件がつくんですね。

別居親族の場合、もっと多いよ。①被相続人に**配偶者、同居親族がいない**、②**別居親族が相続開始時に居住用家屋を所有したことがない**、③**別居親族、別居親族の配偶者、別居親族の三親等内の親族又は別居親族と特別の関係がある法人が所有する家屋に相続開始前 3 年以内の間住んでいない**場合で、**別居親族が居住用宅地等を相続開始時から申告期限まで所有する**ならこの特例が適用できる。

 要件多いな 💭

・・・・・・・・・・・・・・・・・ **家なき子とは** ・・・・・・・・・・・・・・・・・

この別居親族を税理士業界では「家なき子」なんて呼んでいるんだ。

 家なき子？

昔流行ったテレビドラマの題名で、それにかけているのかな？持ち家があったら使えない特例だからね。

 どうして持ち家がある別居親族はダメなんですか？

本来、別居親族枠は、たまたま転勤中で同居していないときに相続が発生してしまった、みたいな場合に相続税負担が重くなってしまうケースを救済するための規定なんだよ。

租税回避の「家なき子」

この規定は平成30年に改正されている。**改正される前は別居親族自身またはその配偶者の持ち家に相続開始前3年の間住んでいないなら適用できた**から、相続人が持ち家を持っていても家なき子に該当したいがゆえにいろんな租税回避方法が生まれたんだ。

1　別居親族の持ち家から賃貸物件に引っ越す
2　別居親族の持ち家を親に譲渡
3　別居親族の持ち家を同族会社へ譲渡
4　被相続人の自宅敷地を別居親族の子（被相続人の孫）へ遺贈

1から3は別居親族が自身または配偶者の持ち家に住んでいる状態を解消する方法。4は持ち家を持っていない親族に被相続人の自宅敷地を遺贈する方法。まだ独立していない孫とかね。

孫に贈与してもダメな気がしますけど？

孫は親の持ち家に住んでいるのであって、自分や配偶者の持ち家じゃないでしょ。

あっ！

ほんとに、頭のいい人はいっぱいいるなあ。

よく思いつきますよね。

この孫に遺贈が一番ラクだから、流行ってしまって、改正にいたったんだ。

小規模宅地等の特例の併用

小規模宅地等の特例は、153頁の表のように分かれるわけだけれど。

③は、同族会社に貸しているけれど、これは同族会社が事業を行うために貸しているから、②と同質。3つに分けて考える。

区分	選択特例対象土地	限度面積	割合
A	特定事業用宅地等	400m^2	80%
B	特定居住用宅地等	330m^2	80%
C	貸付事業用宅地等	200m^2	50%

AとBは併用できる。Cが入らないならAは400㎡、Bは330㎡まで80%の減額が可能なんだ。**Cが入ってくると調整計算が必要となる。**

$$A \times 200/400 + B \times 200/330 + C \leqq 200\text{m}^2$$

どの土地から適用するか？

この計算式って、Cに適用するとすごい不利だよなあ。

どうして？

AとBの併用はこの調整計算がいらないのに、Cが入ってくると調整計算が必要で、めちゃくちゃ適用面積が減ってしまうんだ。

？

だって、もしAが400㎡、Cが100㎡あって、Cに必ず適用したいとしたら、Aに適用できるのは200㎡でしょ？

わ、少ない！

そうなんだよ。ABCの土地、どれから適用しても構わないから、一番有利な土地から適用したい。それができないこともあるけれど……。

どうしてですか？

········　　**特例を受けるには全員の同意が必要**　　········

特例を受けられる土地が複数ある場合には、特例の適用を受けられる土地を取得した人全員の同意が必要なんだ。申告書の第11・11の2表の付表1に特例の適用にあたっての同意欄があるんだよ。

？

相続人がそれぞれ自分の土地に小規模宅地等の特例を適用してほしい、と思うのは人情でしょ？　いろんな兼ね合いから、一番有利な土地に適用できるとは限らないんだよ。

一番有利な土地に適用した方が全体の税額も下がるのに、相続って難しい。

税額だけ追い求めていくわけにはいかないこともあるね。

・・・・・・・・・・・ どの組み合わせが一番有利？ ・・・・・・・・・・・

どちらを優先して適用するのが有利か。しがらみがない前提で、ABC ともに限度面積を超えて所有していて、全て 1㎡あたりの土地の価格が同じであれば A と B の併用にすべきだよね。

そうですね、C に適用してはもったいないです。

そうすると、A と C がある場合、B と C がある場合、どちらに適用するのが有利かを判定することになる。こんなときは倍率で考える。

A	特定居住用	330 × 80％＝ 264
B	特定事業用	400 × 80％＝ 320
C	貸付事業用	200 × 50％＝ 100

AとCの土地がある場合、Aの1㎡あたりの価格がCの1㎡あたりの価格の2.64倍超ならCを優先適用すると有利になる。BとCの場合は、3.2倍超だね。

A	1㎡あたりの価格 100,000円　330㎡　減額　2,640万円
C	1㎡あたりの価格 264,000円　200㎡　減額　2,640万円

こんなにCの価格が高くないと減額幅が同じにならないんですね。

たいてい持っている土地は近場にあるから、ここまで価格が乖離することはあまりない。基本的にはCよりAかBが優先するけれど、考え方は知っておいた方がいいね。

・・・・・・・・・・・・・・・・・・・　H家の場合　・・・・・・・・・・・・・・・・・・・

H家だとどうなるかを見ていこうか。
遺言では相続内容はこうなっている。

花（配偶者）	自宅（敷地含む）、アパートA（敷地含む）、農地A
涼子（長男の妻）	自宅敷地、農地B（売却予定）
忍（代襲相続人・孫養子）	自宅敷地、農地B（売却予定）
智美（長女）	農地B（売却予定）、駐車場、車両
瞳（愛人）	生命保険 3,000万円
洋介（愛人の子）	アパートB（敷地含む）
駿一（前妻の子）	遺留分放棄済み、 相続時精算課税贈与 5,000万円

H家の場合、小規模宅地等の特例が適用できるのは自宅敷地、駐車場、アパートの敷地2つの合計4か所になる。

自宅敷地	1,300㎡	評価額	1億3,000万円	1㎡あたりの価格 100,000円
駐車場	300㎡	評価額	3,000万円	1㎡あたりの価格 100,000円
アパートの敷地	750㎡	評価額	6,000万円	1㎡あたりの価格 80,000円

1㎡あたりの価格を比較すると、アパートの敷地は論外として、駐車場も自宅敷地の2.64倍なんてないから自宅敷地に適用で決定ですね。

金額だけならそうなるけれど、みんながそれでいいと言ってくれるかどうか、が大事だよ。

・・・・・・・・・・・・・・・ 共有の土地の場合 ・・・・・・・・・・・・・・・

H家は自宅敷地をおばあちゃんが3/13、涼子さんが4/13、忍さんが6/13の共有で相続ですよね。小規模宅地等の特例ってどうなるんですか？

小規模宅地等の特例は、持ち分に応ずる面積で考えるよ。
おばあちゃんの場合、330㎡の持ち分3/13に対応する分だけ80%減額できる。

おばあちゃんの場合

小規模宅地等の特例適用面積　330㎡× 3/13 ＝ 76.1538461538

自宅敷地 1,300㎡　評価額 1 億 3,000 万円のうち 300㎡
評価額 3,000 万円を取得
3,000 万円× 76.1538461538 ／ 300 × 80% ＝ 6,092,307 円減額

H 家の場合、自宅敷地を相続する人はみんな特例対象だから、おばあちゃん 330㎡× 3/13、涼子さん 330㎡× 4/13、忍さん 330㎡× 6/13 で全員で 330㎡になるよ。

‥‥‥　配偶者は税額軽減があるからもったいない？　‥‥‥

小規模宅地等の特例は、資産家のおうちだと配偶者が使うのはもったいない部分もあってね。

?

配偶者は配偶者の税額軽減があるから。
こういうのは極端なケースで考えるとわかりやすい。

財産	自宅敷地：330㎡　更地評価：1億円　預金：1億円
相続人	配偶者と子（同居）の2人、基礎控除額 4,200万円

●配偶者が土地を相続、子が現金を相続

配偶者	1億円（土地）－（1億円×80％）= 2,000万円
子	1億円（現金）
税額	1億2,000万円－4,200万円（基礎控除額）= 7,800万円 7,800万円×1/2 = 3,900万円×20％－200万円 = 580万円×2人= 1,160万円

【配偶者の納税額】
配偶者の税額軽減により納税額 0
【子の納税額】
1,160万円×1億円／1億2,000万円＝約966万円

●配偶者が現金を相続、子が土地を相続

配偶者	1億円（現金）
子	1億円（土地）－（1億円×80％）= 2,000万円
税額	1億2,000万円－4,200万円（基礎控除額）= 7,800万円 7,800万円×1/2 = 3,900万円×20％－200万円 = 580万円×2人= 1,160万円

【配偶者の納税額】
配偶者の税額軽減により納税額 0
【子の納税額】
1,160万円×2,000万円／1億2,000万円＝約193万円

同じ1億円の価値のものを相続しても、
こんなに税額が変わるのか。

配偶者の税額軽減が使えることを考えると、評価減を使うこ
とのできる財産を配偶者が相続しない方が税額としては有利
だね。

H家ではおばあちゃんも自宅敷地を相続してますよね？

農地Bを売却したあとに納税しても、少し涼子さんと忍さんに現金が手元に残るように余裕を持たせたかったから2人の相続財産を減らしたかったんだ。

そもそも農地Bがいくらで売れるかもわからないし。

 土地の価格は路線価じゃないんですか？

・・・・・・・・・・・・・・　土地は一物四価　・・・・・・・・・・・・・・

土地は「一物四価」といわれ、時価（実勢価格）、公示価格（公示地価）、相続税評価額（路線価）、固定資産税評価額の4つの価格がある。

 そんなにあるんですか。

時価は実際の売買価格。公示価格は国が公表しているもので、土地を売り買いする際に、その土地を客観的に判断した適正価格で取引をするための指標となる。これを基にして路線価、固定資産税評価額が決まる。

路線価は公示価格の8割、固定資産税評価額は公示価格の7割なんていわれているから、相続税評価額を0.8で割り返してだいたいこのくらいで売れるかな、と考えるんだけど、農地Bは広すぎるんだよ。

開発許可は必要？

三大都市圏の市街化区域は、500㎡以上の土地で行う開発行為については原則として都道府県知事の開発許可が必要なんだ。

開発許可？

良好な宅地水準を確保するために公共施設や排水設備などが必要。それらの設置をちゃんと守った開発計画許可申請となっているか、都道府県知事がチェックして、ＯＫが出ないとその土地に建物を建てられない。

500㎡以上の土地だとひと手間増えてしまうんですね。

公共施設や排水設備を設置するということは、宅地として使えない部分が出るということ。その分、買取価格は下がることになる。路線価を割り込む可能性だってあるんだよ。

路線価は毎年１月１日を評価時点としているから、それ以降の景気変動は加味されていない。急に景気が冷え込んで売買価格が下がるなんて危険性もあるしね。

今回、新型コロナウイルスの影響で路線価の減額補正があった。今までは阪神淡路大震災や東日本大震災など激甚災害のときにあったけれど、リーマン・ショックの時にはなかったんだ。

景気が悪くなったからといって必ずしも補正が入るとは限らないんですね。

・・・・・・・・・・　地積規模の大きな宅地の評価　・・・・・・・・・・

土地の評価でも、この広すぎる土地の潰れ地に対して考慮されていて、三大都市圏は500㎡以上、三大都市圏以外の地域は1,000㎡以上の宅地は、路線価に奥行価格補正率や不整形地補正率などの各種画地補正率のほか、**規模格差補正率**を乗じて求めた価額に、地積を乗じて計算するよ。

普通の土地よりも評価が下がるんですね。

・・・・・・・・・・・・・　二世帯住宅の場合　・・・・・・・・・・・・・

最近流行りの二世帯住宅の場合に小規模宅地等の特例が適用可能かどうかは、区分所有建物登記がされているかがポイント。されていなければ適用可能だよ。

中で行き来ができるかは関係ないんですね。

昔は行き来ができない建物は受けられなかったけれど、平成26年からは登記のあるなしで判断することになった。

登記の有無の方が客観的ですね。

老人ホームに入居していた場合 の小規模宅地等の特例

H家のおじいちゃんのように老人ホームで亡くなった場合、亡くなるときに被相続人が要介護認定又は要支援認定を受けている必要があるよ。申告書に介護保険の被保険者証の写しなどを添付する必要がある。

亡くなるときに？ 入居時じゃなくて？

そう。体調が悪くなる前に入居しておく人もいるから亡くなるときに要介護であることを条件にしているんだろうね。

あと入居していたのが特別養護老人ホームやサービス付き高齢者向け住宅など（租税特別措置法施行令第40条の2第2項第1号イからハまでに掲げる施設）なら小規模宅地等の特例を適用できる。

どんな施設かも大切なんですね。

認可を受けていない老人ホームだと単なる引っ越しになってしまって、住んでいる家がそちらになってしまう。

老人ホームに入居していた場合は、施設入所時の契約書の写しなど、施設が認可を受けている施設かを明らかにする書類を申告書に添付する必要があるよ。

結構細かいな

本来ならば実際に生活していた家の土地にのみ適用させたい特例を別のところで生活していても適用させようとする規定だからね。添付書類は国税庁ホームページに掲載の一覧を参考にするといいよ。

相続税の申告の際に提出する主な書類

被相続人が養護老人ホームに入所していたことなど
一定の事由により相続開始の直前において被相続人の居住の用に
供されていなかった宅地等について特例の適用を受ける場合

イ　被相続人の戸籍の附票の写し（相続開始の日以後に作成されたもの）

ロ　介護保険の被保険者証の写しや障害者の日常生活及び社会生活を総合的に支援するための法律第 22 条第 8 項に規定する障害福祉サービス受給者証の写しなど、被相続人が介護保険法第 19 条第 1 項に規定する要介護認定、同条第 2 項に規定する要支援認定を受けていたこと若しくは介護保険法施行規則第 140 条の 62 の 4 第 2 号に該当していたこと又は障害者の日常生活及び社会生活を総合的に支援するための法律第 21 条第 1 項に規定する障害支援区分の認定を受けていたことを明らかにする書類

ハ　施設への入所時における契約書の写しなど、被相続人が相続開始の直前において入居又は入所していた住居又は施設の名称及び所在地並びにその住居又は施設が次のいずれに該当するかを明らかにする書類

（イ）　老人福祉法第 5 条の 2 第 6 項に規定する認知症対応型老人共同生活援助事業が行われる住居、同法第 20 条の 4 に規定する養護老人ホーム、同法第 20 条の 5 に規定する特別養護老人ホーム、同法第 20 条の 6 に規定する軽費老人ホーム又は同法第 29 条第 1 項に規定する有料老人ホーム

（ロ）　介護保険法第 8 条第 28 項に規定する介護老人保健施設又は同条第 29 項に規定する介護医療院

（ハ）　高齢者の居住の安定確保に関する法律第 5 条第 1 項に規定するサービス付き高齢者向け住宅（（イ）の有料老人ホームを除きます。）

（ニ）　障害者の日常生活及び社会生活を総合的に支援するための法律第 5 条第 11 項に規定する障害者支援施設（同条第 10 項に規定する施設入所支援が行われるものに限ります。）又は同条第 17 項に規定する共同生活援助を行う住居

（出典：国税庁「相続税の申告のしかた（令和 2 年分用）」）

・・・・・・・ 貸付事業用は構築物があるか ・・・・・・

あと、貸付事業用で気を付けたいのはアスファルトや砂利敷きの駐車場は適用できるけれど、青空駐車場はダメ。

構築物があればいいんですよね。

・・・・・ 農業用建物は事業用宅地等に該当する ・・・・

あと見落としがちなんだけど、農機具等の収納又は農作業を行うことを目的とした建物の敷地は事業用宅地等に該当するんだ。

じゃあ80%オフなんですね。

・・・・・ 相続開始前3年以内に新たに
貸付事業の用に供された宅地等は除外 ・・・・・

平成30年4月1日から、相続開始前3年以内に新たに貸付事業を始めても小規模宅地等の特例は適用できないとされたんだ。

これも租税回避を封じるためでしたよね。

亡くなる直前に投資用のアパートを購入して小規模宅地等の特例を適用して、というような手法を禁じるためだね。それまでにすでに特定貸付事業をしていた人は除くよ。

それまでにすでに特定貸付事業をしていた人？

すでに 3 年以上前から事業的規模でアパート経営などをしている人だよ。そういう人は相続開始前 3 年以内に物件を新たに増やしても小規模宅地等の特例を適用できる。

初めて不動産投資する人や事業的規模ではない貸付けをしている人は、建てて 3 年は死ねないですね。

その土地に小規模宅地等の特例を適用するならそうだね。経過措置があって平成 30 年 3 月 31 日までに貸付事業の用に供した宅地等は、今までどおり 3 年縛りがなく特例の適用が可能だよ。

4.配偶者居住権

配偶者居住権により配偶者の居住、老後生活の安定を図る

平成 30 年に民法が改正されて新しく創設されたのが配偶者居住権。これも相続税実務に関わってくる大事な項目だね。

また新しい規定ができてる

配偶者居住権は、配偶者の生存中は被相続人の所有していた建物に引き続き無償で居住できる権利。同居や生計が一であることは求められておらず、被相続人の所有していた建物に配偶者が居住していれば設定できる。

どうしてこのような権利が新しく作られたのですか？

夫が亡くなって相続人が妻と子どもで、妻と子どもの仲が悪かったとする。法定相続分で財産を相続するとして、すべての財産が自宅 5,000 万円と預金 3,000 万円。妻は住み慣れた家に住み続けたいため、妻は自宅を相続するとする。

それだと、妻の取り分が多くなりますよね。

そう。妻の相続できる財産額は（5,000 万円 + 3,000 万円）／2 人 = 4,000 万円で、自宅を相続すると 1,000 万円オーバーしてしまう。

これだと、妻は自宅を相続できませんね。

そこで、自宅を配偶者居住権という利用権と、所有権に分けることにした。配偶者居住権が 2,500 万円と仮定すると、妻は配偶者居住権 2,500 万円と預金 1,500 万円を相続し、子どもは自宅の所有権 2,500 万円と預金 1,500 万円を相続することで、妻は自宅を失うことなく、預金も相続することができる。

なるほど、被相続人の亡きあと、
配偶者を守るためにできた規定なのか。

配偶者居住権は、実は愛人の子に妻が追い出されないように政治家が罪滅ぼしで作った法律だという噂を小耳にはさんだことがあるんだよね。

……！　しっくりきますね、納得です！
子が配偶者の子ではない場合、あり得そう。

居住権の設定は、配偶者の老後を守るために有効だよね。

H 家のおばあちゃんには設定しなかったんですか？

遺言を書いたのが平成 29 年だったからね。令和 2 年 4 月 1 日より前に開始する相続には適用されないし、その前に作成された遺言に書かれていても無効なんだ。

おじいちゃんの相続開始は令和 2 年 3 月 23 日でしたね。

建物が配偶者以外の人と共有の場合、設定できない

所有権はほかの相続人が取得することができるので、配偶者居住権を設定すると、ひとつの自宅に利用権と所有権の2つ権利が存在することになる。被相続人と配偶者ではない者とが建物を共有していた場合、配偶者居住権の設定はできない（民法1028条）。

配偶者居住権の設定、消滅

配偶者居住権はどうやって設定するんですか？

遺産分割協議、遺言、家庭裁判所の審判で設定することができるよ。

配偶者居住権を売ることはできますか？

配偶者居住権の譲渡はできないんだ。生存中の配偶者居住権の合意解除は可能だけれど、配偶者が配偶者居住権を所有者に贈与したとして贈与税が課税される。

合意解除をして、配偶者が対価を受け取った場合、実質的には譲渡と同じになる。この場合は総合譲渡所得になるよ。

分離ではないんですね。

死亡時まで所有していた場合、配偶者居住権は最後どうなるんですか？

 配偶者が死亡した場合、消滅するよ。

 消滅？

･･･　二次相続で配偶者居住権に相続税はかからない　･･･

 そう。配偶者居住権を取得した配偶者が死亡した場合、配偶者居住権の消滅は**民法の規定によって予定通り消滅する**。配偶者から建物の所有者に相続を原因として移転しない。だから、相続税の課税関係は生じないんだ。

 課税されないなら節税に使えそうですね。

配偶者居住権を設定したほうが相続税負担は軽くなる

 その通り。例を挙げて考えてみようか。

自宅評価額 5,000 万円、配偶者居住権が 1,000 万円、自宅所有権が 4,000 万円

① 配偶者居住権を設定する場合
　配偶者が**配偶者居住権**を相続 1,000 万円 ←二次相続で消滅
　子どもが自宅の所有権を相続 4,000 万円

② 配偶者と子どもが共有で取得する場合
　配偶者は自宅の所有権を相続 1,000 万円
　子どもも自宅の所有権を相続 4,000 万円

配偶者居住権は配偶者の死亡で消滅するなら、確実に①のほうが相続税の節税になりますよね。

配偶者居住権は、二次相続（配偶者死亡）で消滅してしまうから財産額が減るものね。

相続税対策の面から考えると配偶者居住権の設定をしたほうが有利となる。

ただし、配偶者が老人ホームに入居するにあたって、自宅を売却して資金を捻出したくても、所有権は別の相続人が所持しているため思うように処分ができないなど、デメリットもあるんだ。

5.配偶者居住権はどのように評価するのか

・・・・・・・ 配偶者居住権の計算式はまわりくどい ・・・・・・・

> 配偶者居住権の評価額はどう出すんですか？

> 建物の相続税評価額は、配偶者居住権を設定すると配偶者居住権と建物所有権から構成されることになる。

> 配偶者居住権の評価は、「建物の相続税評価額」から「配偶者居住権が設定された場合の建物所有権の金額」を差し引くことで計算するよ。

配偶者居住権の価額

建物相続税評価額 − 建物相続税評価額 × $\dfrac{（建物の残存年数 − 存続年数）}{建物の残存年数＊}$

× 複利現価率

＊０未満となる場合、０とする

残存年数……耐用年数から建築当初から相続発生までの経過年数を引いたもの
　　　　　　＊ここでの耐用年数は建物の構造に応じた法定耐用年数に1.5倍をし、自宅として使っていた場合の耐用年数としたもの。

存続年数……配偶者居住権の存在する年数。終身とした場合、平均余命。分割協議書で10年と定めたならその年数となるが、分割協議時点での平均余命が7年だったとしたら7年となる。

$\dfrac{（建物の残存年数－存続年数）}{建物の残存年数}$ の部分は、建物の相続時の価値を 100% とした場合の、配偶者居住権消滅時点の建物の価値を表しているよ。

建物の残存年数が 20 年、配偶者の平均余命が 15 年なら（20 － 15）／ 20 で 25%。これに建物の相続税評価額をかけると配偶者居住権消滅時点の建物の評価額となる。

配偶者の寿命の時の建物の評価額を出すのですね。

配偶者居住権が消滅するのは配偶者居住権設定時では将来のことなので、配偶者居住権消滅時点の建物の評価額に複利現価率をかけて配偶者居住権消滅時の建物評価額の現在価値を算出する。

それを建物の相続税評価額から差し引くことで配偶者居住権の額を算出するんだ。

建物

① 終了時の建物価額（終了時に所有者が利用できる価値）を計算
② ①の価額を法定利率で割戻し（＝所有権部分の評価額）
③ 建物の時価から②を控除

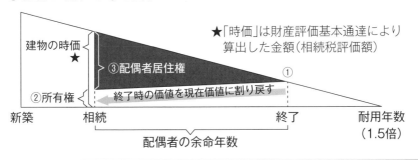

★「時価」は財産評価基本通達により算出した金額（相続税評価額）

（出典：財務省「令和元年度　税制改正の解説」）

配偶者居住権自体をダイレクトに計算するのではなく、建物の時価から配偶者居住権が消滅したときの建物の時価を現在価値に割り引いたものを差し引くことで間接的に算出しているんですね。

配偶者居住権は建物と敷地の両方

配偶者居住権というと建物に対しての権利と勘違いしそうだけど、建物を使用するということは必然的にその敷地も利用するから、配偶者居住権に基づく居住家屋の**敷地利用権も一緒に取得**することになるよ。

敷地利用権の評価

敷地利用権の評価は、居住建物の敷地の相続税評価額から居住建物の敷地の相続税評価額に存続年数に応じた複利現価率をかけた額を差し引いた額。

敷地利用権の価額

| 居住建物の敷地の用に供される土地の相続税評価額 | − | 居住建物の敷地の用に供される土地の相続税評価額 | × | 存続年数に応じた法定利率による複利現価率 |

配偶者居住権が消滅するときの土地の価値は、土地の相続税評価額そのものとなる。**土地の価額を現在価値に割り戻すことで**相続開始時点における配偶者居住権（敷地利用権部分）を除いた土地の価額、つまり**土地の所有権部分を算出**するよ。

その所有権部分を土地の時価（相続税評価額）から差し引くことによって配偶者居住権（敷地利用権部分）の額とするんですね。

土地

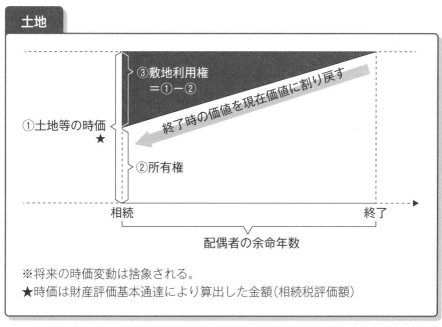

③敷地利用権
＝①－②

終了時の価値を現在価値に割り戻す

①土地等の時価 ★

②所有権

相続　　　　　　　　　　　　　　　　終了

配偶者の余命年数

※将来の時価変動は捨象される。
★時価は財産評価基本通達により算出した金額（相続税評価額）

（出典：財務省「令和元年度　税制改正の解説」）

・・・・ **敷地利用権は小規模宅地等の特例の適用が可能** ・・・・

小規模宅地等の特例の適用があるのは宅地等であり、この宅地等には土地の上に存する権利を含む（租税特別措置法第69条の4）。敷地利用権は「土地の上に存する権利」。

とすると、小規模宅地等の特例の適用が可能ということですね。

そうなるね。もちろん別個の規定だから、敷地利用権が小規模宅地等の特例の要件を満たすかどうかの判定が必要だけど。

民法第1028条では、配偶者は被相続人の財産に属した建物に相続開始の時に居住していた場合において配偶者居住権を取得するとされていて、被相続人と同居や生計が一であることは求められていないんだ。

被相続人と配偶者が別居していて生計が別の場合が問題ですね。

？

敷地利用権は配偶者が居住していた建物の敷地に設定されるものだから。

別居の場合、敷地利用権は「被相続人の居住の用に供されていた宅地等」に該当しないでしょ。

確かに！
別居の上に生計が別なら小規模宅地等の特例は無理だわ。

小規模宅地等の特例

［特定居住用宅地等の要件］
① 被相続人の居住の用に供されていた宅地等
② 被相続人と生計を一にしていた被相続人の親族の居住の用に供されていた宅地等

6.農地の納税猶予

今の民法はたわけ者！？

農家の相続ではどうしても外せない農地の納税猶予。猶予を受けたいなら急がないといけないのは前に説明したね（第1章）。

 どうして農地だと納税猶予が受けられるんですか？

農業を守るためだよ。民法が相続人の相続分を相続順位で一律にしているでしょ？　遺産分割で農地が細分化されては農業経営がしにくくなる。

 戯け者（田分け者）の語源だよ。

 え、そうなの？

 兄弟で田畑を均等に相続すると、どんどん小さくなって一家が食べていくほど耕作ができなくなるでしょ、それが戯け者の語源らしいよ。

よく知ってるね。まさにそれだね。あとは農地周辺の都市化で地価が上昇して相続税を払うために農地を売る必要に迫られたりして農業経営ができなくなるのを防ぐため。

・・・・・・・・・・・・・　**農地の納税猶予は人と土地**　・・・・・・・・・・・・・

農地の納税猶予を受けるときは、人と土地がポイント。
前にも少し説明したね（第1章）。

> 農業相続人であること……「相続税の納税猶予に関する適格者証明書」
> 農地であること…………「納税猶予の特例適用の農地等該当証明書」

証明書の取得に時間がかかるから早めに動かないと、
でしたよね。

・・・　**納税猶予を受けると生涯営農しなくてはならない**　・・・

農業相続人は基本的に生涯営農する必要がある。途中で営農を
やめる場合、猶予税額と相続税の申告期限から営農をやめるま
での期間の利子税を納める必要がある。

厳しいですね、高齢で営農が無理ということもあるでしょうに。

そうなんだよね。営農ができなくなった場合、農業経営基盤
強化促進法や都市農地の貸借の円滑化に関する法律の規定に
よる一定の貸付なら農地を貸しても納税猶予を継続できるけ
れど、農地を売却したり、他に転用する場合は納税猶予打ち
切りだね。

····· 田園住居地域なら 20 年営農で OK の場合も ·····

田園住居地域の田畑の場合、三大都市圏（首都圏、中部圏、近畿圏）の特定市**以外**なら、20 年営農すると猶予されていた相続税が免除される。

前は特定市以外の生産緑地地区でも 20 年で免除だったけれど、平成 30 年 9 月からいろいろ変わっているから注意が必要だね。

【参考】改正後の営農継続要件のイメージ（下線部分が見直し部分です。）

都市計画区分 ＼ 地理的区分	三大都市圏		地方圏
	特定市	特定市以外	
市街化区域 — 生産緑地地区 (注1)	営農：終身	営農：20 年⇒終身	
	貸付：— ⇒認定都市農地貸付、農園用地貸付		
市街化区域 — 田園住居地域	営農：終身 （貸付：—） 【都市営農農地等】	営農：20 年 (注2) （貸付：—）	
市街化区域 — 上記以外			
市街化区域外 （市街化調整区域、非線引き区域）	営農：終身 （貸付：特定貸付）		

（注1） 特定生産緑地である農地等が追加され、申出基準日又は指定期限日が到来し、特定生産緑地の指定・延長がされなかった生産緑地地区内の農地等が除かれました。

（注2） 特例農地等のうちに都市営農農地等を有する場合には、全体の特例農地等が「終身」となります。詳細については、税務署にお尋ねください。

（出典：国税庁ホームページ）

田園住居地域？

都市計画法が改正されて、新しい用途地域ができたんだ。

名前からして、なんだかのどかな風景が思い浮かびますね。

農地や農業関連施設などと調和した低層住宅の良好な住環境を守るための地域だから、まさしく松木さんのイメージ通りなんじゃないかな。三大都市圏の特定市以外と地方圏の田園住居地域は 20 年で免除。田園住居地域なら免除してもおそらく営農する農家さんが多いだろうしね。

・・・・・・・・・・・・・・・　生産緑地 2022 年問題　・・・・・・・・・・・・

生産緑地ってなんですか？

三大都市圏で生産緑地として指定を受けた農地だよ。

高度成長期の都市部は深刻な住宅不足で土地の価格が高騰。農地を宅地化するためには農家が農地を手放す必要がある。農地の固定資産税は宅地並み課税とされて、農家は農地を維持できず売却した。

でも、都市部の農地や緑地が持つ環境保全や地盤保持・保水などの働きや密集地の空間の確保など都市災害の防止の機能も重要。1974 年に生産緑地法ができて、生産緑地地区内の農地の固定資産税は一般農地並みの課税となったんだ。

バブル期に突入し、大都市圏の地価高騰と住宅問題はさらに深刻になる。平成4年（1992年）に生産緑地法の改正が行われ、本気で農業を続けるか宅地化するかふるいにかけられた。

大都市圏の農地は、自治体による「生産緑地の指定」を受けた場合は、今後30年営農を続けることと引き換えに固定資産税が一般農地並みの課税になったり、相続税の納税猶予が受けられたりする税制優遇措置が取られたんだ。

生産緑地の指定は納税猶予の条件になっているんですね。

だから納税猶予を扱うには生産緑地を少し知っておかないとね。

この30年という期限を迎えたとき、農地所有者が病気・高齢などを理由に農業に従事できなくなった、又は死亡などの場合に、所有者は自治体に土地の「買取申出」を行える。

この買取申出に対し自治体は、時価で買い取るものとされているが、この財政難だし買い取らない。そうすると生産緑地指定が解除され、固定資産税が宅地並み課税となる。

農家は農地を維持できなくなりますね。

現存している生産緑地の約8割が2022年に30年を迎えるといわれているんだ。その結果、大量の土地が市場に出回り、不動産市況に悪影響を及ぼすというのが2022年問題だよ。

生産緑地と納税猶予

大量に土地が市場に出回るのを抑えるため、**「特定生産緑地」**として指定されることで、買取りの申出が可能となる期日を10年延期する制度が新しく創設されたんだ。特定生産緑地に指定されれば固定資産税が引き続き農地課税になるし、相続税の納税猶予制度の適用が可能だよ。

今、納税猶予を受けている生産緑地は、特定生産緑地の指定を受けなかったら納税猶予は打ち切りなんですか？

いや、**現に納税猶予を受けている土地に特定生産緑地の指定を受けなかった場合でも、今受けている納税猶予は継続**となる。次の世代も納税猶予を受けたい場合は、特定生産緑地の指定を受けることを忘れないようにしないといけないね。

生産緑地	固定資産税	相続税納税猶予
買取り申出をする	宅地並み課税	打ち切り
特定生産緑地とする	農地課税	適用あり（次世代もあり）
現状の生産緑地のまま	宅地並み課税（激変緩和措置あり）	適用あり（次世代はなし）

農地の納税猶予は3年ごとに税務署に届出が必要

農地の納税猶予を受けると、申告期限の翌日から3年ごとに**「相続税の納税猶予の継続届出書」**を提出する必要がある。期限までに提出しないと、その提出期限の翌日から2か月を経過する日に納税猶予の期限が確定する。

届出を忘れると本税と利子税を納めないといけないわけですね。

届出だけなら書いてハンコ押して税務署に提出すればいいけれど、農業委員会から取得した「引き続き農業経営を行っている旨の証明書」を添付する必要がある。

農業委員会、あの時間のかかる……
出して2か月くらいかかるってヤツですよね。

そうなんだ。継続届出書のときも、納税猶予のときと同じで間に合わない場合は農業委員会が「受付済証明書」を出してくれるからそれを届出と一緒に税務署に提出して、後日証明書を提出すれば大丈夫。

農業投資価格

事業承継税制のときも思ったけれど、納税猶予って大変ですね。

本当だよね。これだけいろいろとややこしくても猶予を受けるのはやっぱり税額へのインパクトが大きいから。

どのくらい猶予されるんですか？

農地等の価額のうち農業投資価格による価額を超える部分に対応する相続税額が猶予される。

農業投資価格？

農業に利用する前提で成立するとされる売買価格だよ。農地の時価だね。国税庁ホームページの「路線価図・評価倍率表」で、取得した農地等の所在する都道府県ごとに確認できるよ。

令和２年分
（埼玉県）

農業投資価格の金額表

　租税特別措置法第 70 条の６第２項に規定する農地等についての相続税の納税猶予額算定の基礎となる農業投資価格は、次表のとおりです。

（10 アール当たり）

都道府県＼地目	田	畑
埼玉県	千円 840	千円 790

10 アールあたり畑だと 790 千円、てことは 79 万円……
10 アールって何㎡でしたっけ🍃

１アールが 100㎡だよ。10 アールは 1,000㎡。農家の方は㎡よりも１反とか坪の方がイメージしやすいらしいからこちらも覚えておくといいよ。

１反……約 990㎡。１反≒ 10 アール
１反＝ 10 畝＝ 300 坪
10 反＝ 1 町

とすると、1㎡あたりの価格は 790 円。

路線価が 100,000 円の場所に 1,000㎡畑を持っていたとしよう。1㎡あたり 790 円だから宅地なら 1 億円のところ、79 万円というわけ。

ええぇ！すごい安い！

・・・・・・ 納税猶予を受けると農業相続人以外もお得 ・・・・・・

納税猶予を受けるときは、農地を通常評価した額での税額と、農業投資価格評価での税額を計算する。

？

金額を言うとわかりやすいかな。農地を1億円で評価した額での税額と、79万円で評価した額での税額の両方を出すんだ。

なるほど。税額にすごい差がでますね。

その差額が納税猶予の額。農業相続人以外の財産評価額は変わらないけれど、農業相続人以外の税額も下がることになる。

？

相続税の計算構造上、
遺産課税総額が下がれば税額も下がるでしょ？

誰かの財産の評価額が下がると相続人全員の税額が下がる。
……農業相続人がいると、他の相続人もお得なんですね。

そういうことになるね。農地を通常価格で計算した税額と、農業投資価格で計算した税額の差額は全て農業相続人の税額に加算されて、この加算された額が納税猶予対象額となるよ。

・・・・・・・・・・・・・・　なぜ納税猶予があるのか　・・・・・・・・・・・・・・

他の相続人は優遇され過ぎなんじゃないかなと思うんですけど。

どうして？

他の相続人は税負担が軽くなるだけだから。農業相続人はこのあと亡くなるまで農業を続けなきゃいけないし、途中でやめたら全額＋利子税納付の危険を負っている。

そういえば、事業承継の納税猶与は他の相続人の税負担は変わらなかったです（前著②第5章参照）。

都市部にある農地は、農業をやめて売却したら多額の現金収入となる。だったら農業をやめて農地を売って欲しいと思う他の相続人もいるかもしれない。

それをあきらめて農業相続人が農地を相続する分割案に同意して農地の保全に貢献してくれたわけだから、その分納税額が抑えられてもバチはあたらないんじゃないかな。

なるほど。確かにそうですね。

7.どうしたら相続税を減らせるのか

・・・・・・・ 現金を減らす・ほかのカタチに換える ・・・・・・・

相続税を減らすには、まずはプラスの財産を減らすこと、プラスの財産の評価を下げることだね。

 プラスの財産が減れば、課税遺産総額が減って、税額も下がりますね。お客様には具体的にどのような方法をアドバイスするんですか？

現金を減らすこと。相続人ではない孫に贈与するとか。

 ？

相続人に贈与すると相続開始前3年以内の贈与は相続財産に加算することになっちゃうからね。

 なるほど。

あとは現金を他のカタチにする。
現金ってなんにも評価しようがないんだよ。

 ？

たとえば、生命保険金。
500万円×法定相続人の数まで非課税枠があったよね。

はい。

法定相続人が3人いたら、1,500万円まで非課税となる。でも現金で持っていたら？

課税されてしまいますね。

だから、1,500万円の終身保険に加入するんだ。

一番低い税率だとしても150万円節税になりますね。

あとは、車を買うとか。車も評価をするよね。車は新古車なんていって乗ってもないのに名義が一度変わっただけで値段が下がる。評価は絶対に購入価格より下がる。

現金を、購入価格と評価額に差があるものに換えれば節税につながるんですね。

そう。市場価格と評価額の乖離に目を付けた節税方法としては、実行にはかなり気を付けた方がいいけれど、タワーマンションで節税とか。

それ、ちょっと気になっていたんです。なんだろうって。

タワーマンションを買って節税？

マンションは高層階ほど価格が高くなるのって知ってる？
ワンフロア違うと 100 万円違うとかよく言うよ。

そうなんですね、知らなかったです。

高層階の販売価格は高くても、固定資産税評価額は 1 階と変わらない。固定資産税は建築素材、構造、用途などから算出するから、タワーマンションのブランド価値などは考慮されていない。

わかった。建物の相続税評価額は固定資産税評価額だから、相続税評価額と販売価格に差があるから節税になるんだ。

そう。タワーマンションは販売価格と相続税評価額の乖離が激しいんだ。それで、亡くなる直前にタワーマンションの高層階部分を購入して賃貸に出して、小規模宅地等の特例を適用して相続税を節税して、申告期限が過ぎたら売却して現金化する方法が流行ってね。

現金をタワーマンションに換えて、相続税の課税価格を抑えて、申告が終わったらまた現金化するんですね！

ほんっとによく思いつくなあ💭

平成 29 年以降は高層階部分と低層階部分の固定資産税評価額に差がつくようになったけれど、大した額じゃない。だから、いまだに販売価格と相続税評価額の差は大きい。

今もタワーマンションを買って節税は可能なんですね。

積極的にはおすすめしないよ。

なんでですか？

相続開始直前に2億9,300万円で購入したマンションを5,801万円で評価し、相続開始後4か月で売却依頼をしていたケースは、財産評価基本通達6を適用して評価額は2億9,300万円とされた裁決事例があるんだ。

財産評価基本通達6

　この通達の定めによって評価することが著しく不適当と認められる財産の価額は、国税庁長官の指示を受けて評価する。

以前、国税庁が実施したタワーマンションの売買価格と財産評価額の乖離率に関するサンプル調査によると、平均で約3倍、最大で約7倍にもなったそうで、タワーマンションは目をつけられているんだ。富裕層だけができる節税対策は公平じゃないしね。

でも、面白いですね。課税庁が通達通りの評価を否定するなんて。

・・・・・・・・・・・・　一番の節税方法は地道な努力　・・・・・・・・・・・・

他にも評価を下げる方法はある。土地は不整形地や間口、奥行き、セットバックや貸家建付地などを丁寧に評価するとか。

マイナスの財産もしっかり拾う。葬式費用や債務の漏れがないように。とくに亡くなる直前の未払い分の医療費とかね。そして養子縁組で法定相続人を増やすことで基礎控除を増やす。

税率を下げられる可能性もありますね。

そうだね。ただ、養子縁組は単に相続税のためだけじゃなくて、実質も伴うようにしないと争族の引き金になることもあるから注意しないとね。

税額から引けるものもありますよね。

税額に一番のインパクトがあるのはなんといっても配偶者の税額軽減だね。あとは未成年者控除、障害者控除、相次相続控除。

センシティブな情報でもありますね。

心苦しいところもあるけれど、ヒアリングしたり、昔の相続税の申告書を見せていただいたりして、このあたりを取りこぼさないようにお客様の状況をしっかり把握しないとね。

申告書の作成手順

申告書の作成の手順はこうなっているよ。

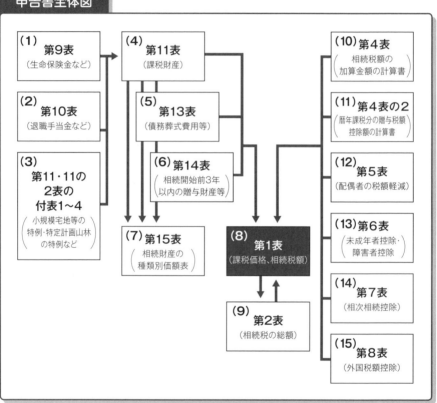

（出典：国税庁「相続税の申告のしかた（令和2年分用）」）

第1表から作成しないのは法人税や所得税の申告書と同じ。

第1表は結論なんですね。

第9表が生命保険金、第10表が退職手当金、第11・11の2表の付表1~4で小規模宅地等の特例などを計算して、これらが第11表に集約される。これと第14表の相続開始前3年以内の贈与財産等がプラスの財産だね。

マイナスの財産である債務、葬式費用は第13表。

第2表で法定相続人が誰か、基礎控除がいくらかを記載する。

ここまで埋まれば課税遺産総額が出ますね。

第2表では相続税の総額も計算する。この税額を第1表に移して、分割が決まればその割合から個々人の税額が算出される。その税額に税額控除を適用する。

第5表で配偶者の税額軽減、第6表で未成年者控除、障害者控除、第7表で相次相続控除ですね。

控除を第1表に移して最終的な納税額が算出されるよ。

なんとなく全体像がつかめました。財産の明細が第11表だから、これを基に分割を進めればいいんですね。

そのときに気を付けたいのが**第11表は小規模宅地等の特例が適用された後の金額**なんだ。分割協議をするときに、財産の価格を小規模宅地等の特例の適用前とするか後とするかは相続人に決めてもらわないといけない。

確かに、小規模宅地等の特例を適用した後の価格で分割するのはもらいすぎだと反発する相続人もいるかもしれないですよね。

第 9 章

納税にまつわる諸問題

1.物納VS土地売却

・・・・・・・・・・・・　物納制度の利用件数は激減　・・・・・・・・・・・・

相続税の納税は現金による一括納付が原則。でも、現預金が少なく、相続財産の大半が不動産である場合は納税資金がない。その場合のために、延納制度と物納制度があるよ。

延納制度と物納制度？

延納は相続税をローンで払うこと。相続財産の構成にもよるけれど、最長20年での割賦払いが認められている。といっても、要件がいろいろ厳しいけどね。

物納制度は平成12年には4,556件の許可があったけれど、平成30年には47件。平成18年の改正で物納の手続きはかなり厳格化されて、それ以降の申請数、許可数ともに激減している。

相続税の物納処理状況等

区分	年度	申請	処理				処理未済
			許可	取下げ等	却下	小計	
件数	12	6,100	4,556	1,939	37	6,532	11,010
	13	5,753	4,844	1,698	27	6,569	10,194
	14	5,708	4,479	1,690	31	6,200	9,702
	15	4,775	4,545	1,687	28	6,260	8,217
	16	3,065	3,639	1,651	24	5,314	5,968
	17	1,733	2,730	1,169	21	3,920	3,781
	18	1,036	2,094	861	16	2,971	1,846

	19	383	1,114	234	22	1,370	859
	20	698	704	149	27	880	677
	21	727	711	149	54	914	490
	22	448	503	103	46	652	286
	23	364	317	98	27	442	208
	24	209	205	55	45	305	112
件数	25	167	132	38	29	199	80
	26	120	88	25	18	131	69
	27	130	69	30	12	111	88
	28	140	114	25	36	175	53
	29	68	47	27	13	87	34
	30	99	47	16	12	75	58
	令和元	61	72	12	2	86	33

（出典：国税庁ホームページ）

物納制度、利用件数はこんなに少ないんですね。

改正前はあったんだけどね。ネックになっているのが物納したいときに提出する資料の多さと「金銭納付を困難とする理由書」。

まず延納して、それでも払いきれない税額に対して物納なのか（次ページE）。

生活費の計算では生活費の額が月10万円、って最初から記入されてる！　配偶者その他の親族にいたっては月4万5,000円ですって（裏面2）

（表面）

金銭納付を困難とする理由書

（相続税延納・物納申請用）

令和　年　月　日

税務署長　殿

住　所

氏　名　　　　　㊞

令和　年　月　日付相続（被相続人　　　　　）に係る相続税の納付については、納期限までに一時に納付することが困難であり、その納付困難な金額は次の表のとおりであることを確認し、延納によっても金銭で納付することが困難であり、その納付困難な金額は次の表のとおりであることを申し出します。

1　納付すべき相続税額（相続税申告書第1表の⑨の金額）	A	円
2　納期限（又は納付すべき日）までに納付することができる金額	B	円
3　納付困難な金額	[A−B]	円
4　延納によって納付することができる金額	C	円
5　物納許可限度額	[C−D]	円

（裏面）

1　納税者固有の現金・預貯金その他換価の容易な財産

手持ちの現金の額			① 円
預貯金の額	（ ／ ）	円	② 円
換価の容易な財産	（ ／ ）	円	③ 円

2　生活費の計算

給与所得者等：前年の給与の支給額		④ 円
事業所得者：前年の収入金額		
申請者本人	100,000 円 × 12	⑤ 1,200,000 円
配偶者その他の親族	A人 × 45,000 円 × 12	⑥ 円
給与所得者等：源泉所得税、地方税、社会保険料（前年の支払税額）		⑦ 円
事業所得者：前年の所得税、地方税、社会保険料の金額		
生活費の検討に当たって加味すべき金額		⑧ 円
生活費（1年分）の額　（⑤＋⑥＋⑦＋⑧）		⑨ 円

3　配偶者その他の親族の収入

氏名	（続柄　　）	前年の収入（	）	⑩ 円
氏名	（続柄　　）	前年の収入（	）	⑪ 円
申請者が負担する生活費の額　⑨×（⑨／（⑨＋⑩＋⑪））				⑫ 円

4　申請者の事業経費の計算

前年の事業経費（収支内訳書等より）の金額		⑬ 円
経済情勢等を踏まえた経済変動等の調整金額		⑭ 円
事業経費（1年分）の額　（⑬＋⑭）		⑮ 円

5　概ね1年以内に見込まれる臨時的な収入・支出の額

臨時的な収入	年　月頃（ ）	⑯ 円
	年　月頃（ ）	⑰ 円
臨時的な支出	年　月頃（ ）	⑱ 円
	年　月頃（ ）	⑲ 円

（添付資料）
□　前年の確定申告書（写）・収支内訳書（写）
□　前年の源泉徴収票（写）
□　その他

どうして物納をしにくくしてるんだろう？

物納された物件は国有財産となる。税収の代わりに受け取ったのだから、それを国は現金化したいけれど、売れなくて塩漬けになってしまう土地が多すぎて、売れないものを受け取ってはダメだとなってしまった。

なるほど

物納した場合、物納財産の相続税評価額が納税と扱われる。こういう場合、譲渡になりそうだけど物納は譲渡とはみなされない（租税特別措置法第40条の3）。

・・・・・・・・・・・・・・・・ メインは土地売却 ・・・・・・・・・・・・・・・・

たいてい相続税評価額の方が時価より低いし取得費加算が使えるから、土地を売却して税金を支払った方が手元にお金が残る。今は物納より売却だね。

貸宅地を借地人に買いたたかれて相続税評価額を割り込むくらいなら物納が有利だけど。

取得費加算って何ですか？

相続開始後3年10か月以内に、相続した土地等を売却した場合に使える特例で、売却した土地等に対応する相続税額を譲渡所得の計算のときに取得費に加算できる（租税特別措置法第39条）。

相続の納税資金のために土地を売却すると譲渡所得を考えなくちゃならないのか。実は僕、譲渡ってまだよくわかってなくて。

 実は私も。確定申告で1件やったことがあるくらいで……

よし、じゃあ譲渡所得を説明しようか。

・・・・・・・・・・・ 分離譲渡所得　基本のキ ・・・・・・・・・・・

譲渡所得の計算式

譲渡所得＝譲渡収入金額－（取得費＋譲渡費用）－特別控除額（一定の場合）

・・・・・・・・・・・・ 譲渡収入金額 ・・・・・・・・・・・・

譲渡収入金額は、買い手から受け取った額全額。

 固定資産税の日割り分も譲渡収入ですよね。

そう。1月1日に売買をすることはあまりないだろうから、通常、固定資産税の精算も同時に行われ、売主が受け取った固定資産税の日割り分も譲渡収入金額となる。

取得費

取得費は、売却した不動産の購入代金、購入手数料のほか改良費、土地の埋立てや土盛り、地ならしをするために支払った造成費用など。建物の取得費は、購入代金又は建築代金などの合計額から減価償却費相当額を差し引いた金額。

もし、譲渡した不動産が相続した不動産だったら？

被相続人が支払った額を引き継ぐよ。あと取得費になるものとしては、土地や建物を購入（贈与、相続又は遺贈による取得も含む。）したときに納めた登録免許税（司法書士に支払った登記費用も含む。）、不動産取得税、印紙税。

気を付けたいのが、事業の用に供されていた資産の場合。これらの税金は事業所得を計算するとき既に必要経費に算入されているから、ここでは取得費とできない。

取得費がわからない場合

売却した不動産が先祖代々のもので取得費が不明の場合、取得費の額を売った金額の5％相当額とすることができる。これを**概算取得費**というよ。

取得費がわからなくても、5％は面倒みてくれるのか。

ただし、概算取得費は実際の取得費との併用はできない。非事業用不動産の不動産取得税は取得費として控除できるけれど、概算取得費5％に不動産取得税をプラスして控除することは認められない。

この場合は概算取得費と不動産取得税を比較してどちらで控除した方が有利かを考える必要がありますね。

 事業用不動産の不動産取得税は事業所得や不動産所得などの必要経費になる（所得税基本通達 37 - 5）から、譲渡所得の取得費にならないことに注意してね。

 所得税って複雑だなあ 💧

 取得価額にならないんですね。法人だと不動産取得税は取得価額に算入するか経費にするか選べますけど（法人税基本通達 7 - 3 - 3 の 2）。

 そうなんだよね。法人はどちらでも OK だけど、所得税は業務の用に供される資産に係る租税は基本的に必要経費だよ。

譲渡費用

 譲渡費用は、土地や建物を売るために直接かかった費用のこと。主なものとしては、土地や建物を売るために支払った仲介手数料、印紙税で売主が負担したもの、土地などを売るためにその上の建物を取り壊したときの取壊し費用とその建物の損失額があるね。

特別控除

 譲渡所得計算式の最後の「特別控除」、これは要件を満たすと使えるんだ。代表的なものがマイホームの 3,000 万円控除とか。

措置法は知らないと適用できないし、併用ができないものもあるから知っているかが勝負になる。

たとえば、マイホーム特例と相続した空き家を譲渡した場合の3,000万円特別控除（租税特別措置法第35条第3項）との併用は可能だけど、2つの特例あわせて3,000万円が上限とか、空き家特例と取得費加算は併用できないとか。

いろいろあるんですね🎵

根拠条文にあたることも大事だけれど、確定申告の時間のないときは厳しい。譲渡所得は東京国税局が提供している「資産税（相続税、贈与税、財産評価及び譲渡所得）関係チェックシート等」でチェックすると便利だよ。

・・・・・・・・・・・ **所有期間の長短で税率が変わる** ・・・・・・・・・・・

譲渡所得では、所有期間によって長期譲渡所得と短期譲渡所得に分けられ、計算に使用する税率も変わる。

●**長期譲渡所得の税率**
15.315%（所得税＋復興特別所得税）＋住民税（5%）の合計20.315%

●**短期譲渡所得の税率**
30.63%（所得税＋復興特別所得税）＋住民税（9%）の合計39.63%

・・・・・・・・・・・・・・・・・　長短の判定　・・・・・・・・・・・・・・・

 長期譲渡所得と短期譲渡所得では税率に倍近い違いがありますね。

 間違えたら大変だ

長期譲渡所得とは譲渡した年の1月1日において所有期間が5年を超えるもの、短期譲渡所得は所有期間が5年を超えないもの。「譲渡した年の1月1日において」の部分を読み落とす人が多いから気を付けて。

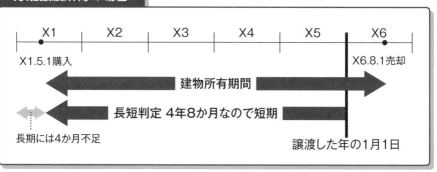

 ?

X1年5月1日に購入し、X6年8月1日に売却したとして、普通に考えると5年3か月経過しているようにみえるけれど、譲渡した年の1月1日、つまりX6年1月1日の段階ではまだ4年8か月しか経過していない。

 譲渡した年の月数は所有期間に入らないのか

「譲渡した年の1月1日において」、大事ですね🎵

総合譲渡所得の場合、「資産の取得の日以後5年以内」が短期になるよ。

分離と総合は違うんですね。

分離譲渡所得の長短は
お正月が何回あるかを数える

分離譲渡所得の長短判定は5年と覚えるのではなく、**購入してから売却するまでの間にお正月が何回あったかを**カウントし、**6回あったら長期**と覚えてほしい。

そうか、さっきの例だと購入から売却までの間にお正月が5回だから短期譲渡所得ですね。

譲渡した日はいつか？

あとは、譲渡した日をいつと考えるかによって、申告年が変わることもあるよ。

私がやった譲渡所得の申告がまさにそれで驚きました。契約書の日付は令和元年12月になっていたけれど、代金受領が令和2年2月で、お客様と相談して令和2年分として申告することになりました。

資産を譲渡した日は、資産を引き渡した日じゃないのかな？

税務上は売買契約を締結した日、代金を受領し登記した日、どちらを引き渡した日とするかは納税者の判断にゆだねられているんだ。

好きに選んでいいんですか🎣

引き渡した日は登記によって対外的に所有権の保存をはかった日と考えるのが一般的だけど、売買契約の締結、代金受領、登記のうちどれをもって引き渡した日とするか判断が難しい場合があるからね。

・・・・・・・・・・・・・・・　取得費加算とは　・・・・・・・・・・・・・・・

譲渡所得が分かったところで、取得費加算に戻ろうか。取得費加算はさっき軽く説明したように、譲渡所得を計算するとき相続税を取得費に加算できるというもの。

この取得費加算を計算するときは「相続財産の取得費に加算される相続税の計算明細書」を使うよ。

相続財産の取得費に加算される相続税の計算明細書

<table>
<tr><td rowspan="2">譲　渡　者</td><td>住所</td><td></td><td>氏名</td><td></td></tr>
</table>

	住所		氏名	
譲　渡　者				
被　相　続　人	住所		氏名	

相 続 の 開 始 が あ っ た 日	年　月　日	相続税の申告書を 提出した日	年　月　日	相続税の申告書の 提　出　先	税務署

1　譲渡した相続財産の取得費に加算される相続税額の計算

	所　　在　　地				
譲渡した相続財産	種　　　　類				
	利用状況　数量				
	譲渡した年月日		年　月　日	年　月　日	年　月　日
	相続税評価額　Ⓐ		円	円	

相 続 税 の 課 税 価 格 相続税の申告書第1表の①+②+⑤の 金額を記載してください。	Ⓑ	円

相　　続　　税　　額 相続税の申告書第1表の㉑の金額を 記載してください。ただし、贈与税 額控除又は相次相続控除を受けてい る方は、下の2又は3で計算した① 又は⑤の金額を記載してください。	Ⓒ	円

取得費に加算される相続税額 （Ⓒ×Ⓐ/Ⓑ）	Ⓓ	円	円	円

【贈与税額控除又は相次相続控除を受けている場合のⒸの相続税額】

2　相続税の申告書第1表の㉒の小計の額がある場合

暦年課税分の贈与税額控除額 （相続税の申告書第1表の⑫の金額）	Ⓔ	円
相 次 相 続 控 除 額 （相続税の申告書第1表の⑱の金額）	Ⓕ	円
相続時精算課税分の贈与税額控除額 （相続税の申告書第1表の⑲の金額）	Ⓖ	円
小　 計　 の　 額 （相続税の申告書第1表の㉒の金額）	Ⓗ	円
相　 続　 税　 額 （Ⓔ+Ⓕ+Ⓖ+Ⓗ）	①	円

※　相続税の申告において、贈与税額控除又は相次相続控除 を受けていない場合は、「2　相続税の申告書第1表の㉒ の小計の額がある場合」欄及び「3　相続税の申告書第1 表の㉒の小計の額がない場合」欄の記載等は不要です。

関 与 税 理 士	電 話 番 号

3　相続税の申告書第1表の㉒の小計の額がない場合

	算　出　税　額 （相続税の申告書第1表の⑨又は⑩の金額）	Ⓙ	円
	相続税額の2割加算が行われる場合の加算金額 （相続税の申告書第1表の⑪の金額）	Ⓚ	円
	合　　　計　（Ⓙ+Ⓚ）	Ⓛ	円
税額控除等	配 偶 者 の 税 額 軽 減 額 （相続税の申告書第5表の⑩又は⑱の金額）	Ⓜ	円
	未 成 年 者 控 除 額 （相続税の申告書第6表の1の②又は③の金額）	Ⓝ	円
	障 害 者 控 除 額 （相続税の申告書第6表の2の②又は③の金額）	Ⓞ	円
	外 国 税 額 控 除 額	Ⓟ	円
	医療法人持分税額控除額	Ⓠ	円
	計 （Ⓜ+Ⓝ+Ⓞ+Ⓟ+Ⓠ）	Ⓡ	円
相 続 税 額 （Ⓛ-Ⓡ） （赤字の場合は0と記載してください。）		Ⓢ	円

この特例は、相続財産を相続税の申告期限から3年以内に譲渡した場合に適用されます。

なお、明細書の記載に当たっては、裏面を参照してください。

特例の内容の詳しいことは、税務署にお尋ねください。

（資6－11－A4統一）

R2.11

相続財産の取得費に加算される相続税の計算明細書

1　記載要領等

　この明細書の記載に当たっては、次の点にご注意ください。

(1)　同一年中に相続財産を2以上譲渡した場合、取得費に加算される相続税額は譲渡した資産ごとに計算します。

(2)　「Ⓑ」及び「Ⓒ」の金額は、相続税の申告書の「各人の合計」欄の金額ではなく、譲渡者の「財産を取得した人」欄の金額となります。

　　なお、「Ⓐ」、「Ⓔ」～「Ⓗ」、「Ⓙ」、「Ⓚ」、「Ⓜ」～「Ⓠ」についても譲渡者の金額を記載します。

(3)　「Ⓓ」の金額は、譲渡した相続財産の譲渡益を超える場合には、その譲渡益相当額となります。

(4)　「Ⓐ」の「相続税評価額」は、譲渡した相続財産の譲渡所得について、買換えや交換などの特例の適用を受ける場合には、次の算式で計算した金額となります。

　イ　交換差金等がある交換について所得税法第58条の規定の適用を受ける場合

$$「Ⓐ」の金額 = \left[\begin{matrix}譲渡した相続財産\\の相続税評価額\end{matrix}\right] \times \frac{(取得した交換差金等の額)}{(取得した交換差金等の額)+(交換取得資産の価額)}$$

　ロ　収用等による資産の譲渡又は特定資産の譲渡について租税特別措置法第33条、第36条の2、第36条の5又は第37条の5の規定の適用を受ける場合

$$「Ⓐ」の金額 = \left[\begin{matrix}譲渡した相続財産\\の相続税評価額\end{matrix}\right] \times \frac{(譲渡した相続財産の譲渡による収入金額)-(代替資産又は買換資産の取得価額)}{(譲渡した相続財産の譲渡による収入金額)}$$

　ハ　交換処分等による譲渡について租税特別措置法第33条の2第1項の規定の適用を受ける場合

$$「Ⓐ」の金額 = \left[\begin{matrix}譲渡した相続財産\\の相続税評価額\end{matrix}\right] \times \frac{(取得した補償金等の額)}{(取得した補償金等の額)+(交換取得資産の価額)}$$

　ニ　特定資産の譲渡について租税特別措置法第37条又は第37条の4の規定の適用を受ける場合

$$「Ⓐ」の金額 = \left[\begin{matrix}譲渡した相続財産\\の相続税評価額\end{matrix}\right] \times \frac{(特例適用後の譲渡した相続財産の収入金額)}{(譲渡した相続財産の譲渡による収入金額)}$$

　ホ　被相続人居住用家屋又はその敷地等の譲渡につき租税特別措置法第35条第3項の規定の適用を受ける場合

$$「Ⓐ」の金額 = \left[\begin{matrix}譲渡した相続財産\\の相続税評価額\end{matrix}\right] \times \frac{(譲渡した相続財産のうち同項の規定の適用対象とならない部分に対応する収入金額)}{(譲渡した相続財産の譲渡による収入金額)}$$

(5)　「Ⓐ」の「相続税評価額」は、代償分割により代償金を支払って取得した資産を譲渡した場合には、次の算式で計算した金額となります。

$$「Ⓐ」の金額 = \left[\begin{matrix}譲渡した相続財産\\の相続税評価額\end{matrix}\right] - (支払代償金) \times \frac{(譲渡した相続財産の相続税評価額)}{(相続税の課税価格(「Ⓑ」の金額))+(支払代償金)}$$

　※　遺贈が遺留分を侵害するものとして行われた遺留分侵害額の支払の請求に基づき、遺留分侵害額に相当する金銭を支払った場合には、この算式に準じて「支払代償金」を「遺留分侵害額に相当する価額」として計算します。

2　その他

　特例の適用を受けられる方にも相続が開始し、その方の財産を相続又は遺贈により取得した方がその取得した財産を譲渡した場合についても、一定の要件を満たすときは、最初の相続税額を基に計算した金額を取得費に加算することができます。詳しいことは税務署にお尋ねください。

使用する明細書に注意

右わきに、「平成二十七年一月一日以後相続開始用」とありますね。

平成 26 年までは、ABC3 つの土地を相続して A のみを売却した場合でも、ABC に対応する相続税額全てを A の土地売却時の取得費に加算することができたんだ。

でも、平成 27 年からは売却した分のみとなった。古い明細書を使うと間違えてしまうから注意してね。

何気なく書いてあるわきの文言も要注意なのか💦

この明細書の次のページにある「記載要領等」もよく読んでほしいところ。ここに書いてあるように代償分割をした場合、この計算式が変わるんだ。

代償分割って何ですか？

代償分割とは

たとえば、財産が自宅しかなくて、それを長男が相続したとする。すると次男は何も相続できなくて不公平だから、長男が次男に自分のポケットマネーから自宅評価額の半分を渡すことがある。これを代償分割というよ。

不動産を共有にしなくて済むのでいい方法ですね。

不動産の共有は親子ならいいけれど、兄弟だとあとあとトラブルのもとだからね。

どうしてですか？

兄弟で相続した場合、その兄弟に子がいれば、その兄弟同士が相続人になることはない。共有状態を解消するには売買や贈与などの方法を取らざるを得なくなるからね。

・・・・・・・・・・・・・・・ 取得費加算と代償分割 ・・・・・・・・・・・・・・・

代償分割の場合の取得費加算の金額だったね。記載要領（212頁）の一番下にあるんだけど。

代償分割があると、Ⓐ譲渡した財産の相続税評価額にはちょっと手を加える必要があるよ。明細書１のⒹのところに書いてある取得費加算の計算式は？

Ⓒ相続税額 × $\dfrac{\text{Ⓐ相続税評価額}}{\text{Ⓑ相続税の課税価格}}$ です。

相続財産は譲渡した財産のみと仮定しよう。譲渡した財産の相続税評価額Ⓐが100、代償金を80とすると、相続税の課税価格Ⓑは100 − 80で20だよね。そうすると、Ⓐ／Ⓑは100／20となる。

あれ、100／20をⒸに掛けたら実際に納付した相続税額よりも取得費加算の金額が大きくなりますね。

実際に納付した相続税額の 5 倍？

それじゃおかしいから Ⓐに調整が入るんだ。譲渡した財産の相続税評価額から以下の計算した金額を差し引いた額を Ⓐとする。

$$代償金\ 80 \times \frac{相続税評価額\ 100}{Ⓑ相続税の課税価格\ 20 + 代償金\ 80} = 80$$

この例だと 80 を Ⓐから差し引くことになる。取得費加算の額は相続税額に 20（= 100 − 80）／ 20 を掛けた金額となる。

20 ／ 20 で 1 だから相続税額そのもの？

相続財産＝譲渡財産として仮定しているからそれで OK だよ。

この記載要領、大事ですね！

そうなんだ。取得費加算を計算するときは他のケースのところも目を通して、該当しないかをチェックしてほしい。

換価分割

代償分割は相続人がお金を持っていれば使える方法だけど、ない場合は使えない。

不動産はひとつだけど共有は嫌だとか、物件はいらないという場合は、**物件を売って現金化して分ける**ことになるけれど、これを**換価分割**というよ。

換価分割の場合は、何人もいる相続人が相続登記をして、売買手続きをするのは大変だから、一人の相続人が代表して登記、売却の手続きを進めても構わないとされているけれど、譲渡の申告は相続人一人ひとりが行わなくてはいけない。

登記や売却を代表の相続人がするのなら、譲渡所得の申告もその人だけがして、残額を分ければいいのかと思いましたけど、違うんですね。

兄弟5人で被相続人の自宅を相続して換価分割する場合、一気に5件の譲渡申告。特別控除は個々人で適用できるかできないか変わるから気を付けないとね。

そうか。被相続人と一緒に住んでいた人はマイホームの3,000万円控除の特例が適用できるけど、そうじゃない人は使えないとかありますもんね。

2.世にも恐ろしい連帯納付義務

・・・・・・・・・・ 連帯保証人の相続税バージョン ・・・・・・・・・・

自分の納税は済ませたけれど、他の相続人で納税していない人がいると問題になってくるのが「連帯納付義務」（相続税法第34条）。

 連帯納付義務？

「連帯保証人」ならわかるよね？

 連帯保証人は、その人が借金しているわけではないのに、借金した人が逃げた場合、借金した人に代わって返済義務を負う人ですよね。

そう。それの相続税バージョンだよ。

 ええ？

 これ、僕も初めて知ったとき、なんて理不尽な制度だろうと思ったよ。

相続人は、互いに国に対して連帯保証人になっているようなもの。分割協議も無事終わり、納税も済ませ、やれやれと思っているところに、他の相続人が未納の相続税の請求がくるんだ。さらに利子税のオマケつき。

ひ、ひどい。

限度はあるよ。
同じ相続で受けた利益の価額に相当する金額まででいい。

それだって嫌だなあ。

昔は延納制度の適用を許可されている相続人がいれば、最長で20年間という長期にわたって連帯納付義務があって、その相続人が滞納したときは、20年前の相続であっても、他の相続人に連帯納付義務履行の請求がされたんだよ。

20年前のことを言われても……。

普通そう思うよね。それで、平成24年4月1日以降に申告期限が到来する相続税（同日現在の滞納相続税を含む。）については、①申告期限を5年過ぎても税務署が連帯納付義務者に「納付通知書」を送付していない場合、②本来の納税義務者が延納や納税猶予を受けた場合は、連帯納付義務が解除されることになったんだ。

そうすると、今は延納や猶予を受けていれば安心ですね。

延納や猶予を受けない相続人の中に、お金に困っている人がいる場合には気をつけないといけない。昔、相続を取り仕切った相続人がお金に困っていて、他の兄弟は財産を受け取っていないのに受け取っている形の相続税申告をし、その相続人は自分の納税すらしていなかった、というケースがあったよ。他の兄弟に納付通知書が届いてさ。

実際には財産をもらってもいないのに、自分の相続税とズルした兄の相続税！？

たとえ、自分の相続税は納めたので他の相続人の税金までは知らないとつっぱねても、国は差し押さえまでして強制的に取り立ててくるからね。

差し押さえですか

もちろん、税務署側としても最大限本来の納税義務者からの徴収を試みるようだけれどね。

と言っても本来の納税義務者が払えないから他の相続人に回ってくるんですよね。

さらに追い打ちをかけるのが、仕方がない、納付しようというときに、一括払いのみ。延納（分割払い）できない。

厳しすぎる

防止策はありますか？

正直なところ、効果的な防止策は思い浮かばないんだけど、言えることとしたらこのくらいかなあ。

・相続人同士が納税を確認し合う。
・お金に困っている相続人がいる場合、相続財産で真っ先に納税をし、残った財産を借金返済に回すよう注意する
・お金に困っている相続人は納税ができない前提で分割する

税金の肩代わりは贈与

お金に困っている相続人に代わって、他の相続人が相続税を納付することもあると思う。納税義務者が資力を喪失している場合は代わりに納付しても贈与にはならない（相続税法第8条）けれど、資力を喪失していない場合は、返せと請求せずに放っておくと、それは贈与になってしまう。

うーん。そうしたら、分割のときに納税金額を差し引いた額を渡して、差し引いておいたお金を他の相続人が納付手続きをする。

そうだね、それができればいいね。

相続時精算課税と連帯納付義務

相続時精算課税制度を前に説明したけれど（第4章）、この制度での贈与財産も連帯納付義務の対象となっている。この相続時精算課税というのが厄介でね。

相続時精算課税の創設時、受贈者は贈与者の推定相続人とされていたんだ。それが、平成25年度改正で、若年層への資産の早期移転を加速させるために受贈者に孫が追加（租税特別措置法第70条の2の6）されたんだ。

孫が相続時精算課税の適用が可能であることが厄介？

 孫は相続人ではない。そうすると、被相続人の相続のときは何の財産ももらえないのに、納税が発生する可能性がある。

 贈与されたのが何年も前で、もらった財産を使い果たしているかもしれないですよね。

 相続財産と合算するときの贈与財産の価額は、贈与時の価額とされている。極端なことを言うと、贈与された建物が火事で燃えて相続時にはないとしても、その建物の価額分の相続税の負担は発生する。

 そうしたら、孫は相続税の納税ができないかもしれないですね。

 ついでに、代襲相続人ではない孫は2割加算だし。

 そこに出てくるのが連帯納付義務。払えないときは他の相続人の負担となりかねないんだ。

 そういえば、おじいちゃんの前妻の子は相続時精算課税を適用していたのではなかったでしたっけ？

 そうなんだ。贈与のときに、納税がこのくらいになるからその分は使わずにとっておくように伝えてはあるんだけど……納付書をお渡ししたら、納税完了の一報をもらわないといけないね。

‥‥‥　相続時精算課税は触らぬ神にたたりなし？　‥‥‥

こうやってみてくると、
相続時精算課税は積極的に使いたくないなあ。

そうなんだよね。贈与でもらったことを忘れてしまって相続税の申告書に載せ忘れたり、相続発生時には納税資金に苦慮する可能性もある。でも、使い道がないわけじゃないんだ。

相続するときの価格を固定したい場合、つまり、今後価値が上がるものに対して相続時精算課税を使うと有利になる。

そうか、相続のときには再評価せず、贈与時の価額で相続税を計算しますもんね。

今後価値が上がるものって何かしら？

それを税理士事務所が言って、
下がったら問題になるんだよね

‥‥‥‥‥‥‥　相続時精算課税で所得分散　‥‥‥‥‥‥‥

賃貸物件を相続時精算課税で贈与すれば、物件から上がる収益を受贈者に移すことができるから所得分散になるという意見もあるね。

222

でも、建物の価値は下がってしまいますよね？

相続までまだ年数があるようであれば、所得税対策を優先して考えてもいいかな。でも、賃貸物件の贈与は気を付けないといけないんだ。

········ **貸家建付地としての評価を維持できるか** ········

アパートを建てて人に貸している場合、土地は貸家建付地として評価する。**土地は贈与せずに子どもにアパートだけを贈与した場合**、相続発生時と贈与時点での賃借人が同じなら、アパートの敷地は貸家建付地で評価できるけど、**賃借人が変わってしまったら更地評価**となってしまう。

アパートを建てるのは相続税対策ですよね。その意味がなくなってしまう？

アパートなど賃貸物件を贈与するときは、サブリース契約にしておいた方がいいんだ。

サブリース？

一括借上げだね。入居者に直接貸すのではなく、不動産会社に貸すんだ。不動産会社が入居者に転貸する。こうすれば、入居者が入れ替わっても賃借人が変わらないから貸家建付地となる。

それなら安心ですね。

でも、サブリース契約をしてもらえる物件ならいいんだけど、駅から遠かったり古かったり、条件が悪くて空室が出そうな物件のサブリース契約は不動産会社が嫌がる。

相続時精算課税で贈与した土地は 小規模宅地等の特例を適用できない

 そうすると、入居者が変わってしまったら更地評価となってしまうのか。ちょっともったいないな。でも、土地まで贈与すると贈与税が心配だしなあ。

相続時精算課税で建物と一緒に土地も贈与する場合、小規模宅地等の特例を適用できなくなるからこれも注意しないとね。

 土地の贈与はいよいよ厳しいか🥲

負担付き贈与は時価で計算

竹橋くん、不動産を贈与するとき、評価額は？

 相続税評価額ですよね。

そうだね。でも、この贈与が負担付き贈与の場合は違ってくる。

 負担付き贈与？

アパートを建てるとき、たいてい金融機関に借入れをおこすよね。借入れを返し終わっている物件であっても、通常、入居者から敷金を預かっていることが多い。アパートを贈与するならこれらも受贈者が引き継ぐことになる。これが「負担付き贈与」。

負担付き贈与の評価は、その贈与の時における通常の取引価額に相当する金額から負担額を控除した価額となるんだ。

通常の取引価額、つまり時価ですね。

そう。

時価って、どうやって出すんですか？

そこが問題なんだよね。税理士には時価がわからないから通達で評価しているのに通常の取引価額と言われてもねえ。

確かに💧

・・・・・・・・ **負担が敷金だけなら贈与してしまう** ・・・・・・・・

ローン残債はなくて敷金だけなら、敷金として預かっている現金もアパートと一緒に贈与してしまえば、アパートの評価は相続税評価額で OK。

ローン残債がなければ賃貸物件の贈与もありですね。

ローン残債があるなら他の財産圧縮効果があるからもったいないですよね。

・・・・・・・・・・・ 贈与者にとっては譲渡所得 ・・・・・・・・・・・・

債務付きアパートを贈与するとき、アパートの取得費（簿価）とローン残債や敷金を比較して、ローン残債や敷金の方が大きい場合、そのはみ出た分は建物を売却して利得したものと考えてみなし譲渡となるんだ。

また出た、みなし譲渡🤔

どうして利得したことになるんですか？

贈与することによって、ローンを返さなくていいという利益を得ているでしょ？　ローン残債がアパートの譲渡価額としてみなされて、取得費を差し引いた額が譲渡所得となる。

せっかくの財産圧縮効果がなくなるし、譲渡所得となるんじゃ、負担付き贈与はやめた方がいいかも……。

第 10 章

H家の相続

1.H家の相続

・・・・・・・・・・・・・・・・・　**遺言の開示**　・・・・・・・・・・・・・・・・・・

今度の日曜日、Ｈ家で遺言内容の説明をすることになったよ。

愛人も参加するんですか 💧

いや、とりあえず配偶者であるおばあちゃん（花）、涼子さん（以前死亡した長男の妻）、忍さん（涼子の子）と智美さん（長女）だね。

・・・・・・・・・・・・・・・・　**おばあちゃんの告白**　・・・・・・・・・・・・・・・・

今日はお忙しいところお集まりいただきまして誠にありがとうございます。お集まりいただいたのは、直樹様の遺言内容を皆様にお伝えしたいと思いまして……。

梅沢さん、そんなかしこまらなくていいのよ。いつも通りおじいちゃんと呼んで。その方がおじいちゃんも喜ぶわ。

涼子さん

そうですか。ありがとうございます。では、早速内容開示といきたいのですが、ちょっと驚かれる内容も入っています。

?

おばあちゃん　智美さん

実は、おじいちゃんには長男さんと智美さんの他にもお子様がいらっしゃいまして……。

ああ、前妻の子の駿一さん？

いえ、そうではないんです。

え？

おじいちゃんには、長女の智美さんと 15 歳離れたお子さんがいらっしゃいまして、その方の認知をするという内容が遺言に入っているんです。

何それ、どういうこと！？

ええ、知っていましたよ。

えええっ

おばあちゃん知っていたの!?

当時はつらかったし別れようかと思ったこともあったけれど……おじいちゃんが 60 歳のときにお義母さん、あと長男が立て続けに亡くなったでしょう、あれが相当ショックだったみたいで、あのあとは会いにいかなくなったみたいでね。私もそれで、もういいかなと思ったのよ。

全く気づかなかった。

だって、私も気づいていないふりをしていたし。

 ご存じだったのですね。驚きました。

 平成の初め頃、区画整理があって、土地が収用されて、お義母さんの相続のとき、かなり預金を相続したの。それを元手に、あなたたちに残せるようにってアパート経営を始めたのよ。アパートを2棟建てたのは、あちらさんに1棟渡すためでしょう。

 その通りです。

 涼子さんはいつ知ったの？

 先日、梅沢さんが監査でいらしたときに……。

 ああ、めずらしく終わったあとランチに行ってたものね。

・・・・・・・・・・・・　**おじいちゃんの想い**　・・・・・・・・・・・・

 おばあちゃんがそこまでお見通しとは……それでしたら私としてもお話ししやすいです。みなさんにどのようにおじいちゃんが財産を残されたか、一覧にしましたのでご覧ください。

花（配偶者）	自宅（敷地含む）、アパートA（敷地含む）、農地A
涼子（長男の妻）	自宅敷地、農地B（売却予定）
忍（孫養子・代襲相続人）	自宅敷地、農地B（売却予定）
智美（長女）	農地B（売却予定）、駐車場、車両
瞳（愛人）	生命保険金3,000万円
洋介（愛人の子）	アパートB（敷地含む）
駿一（前妻の子）	遺留分放棄済み、相続時精算課税贈与5,000万円

おじいちゃんは、農業相続人をおばあちゃんとして、おばあちゃんが元気なうちは畑でお花や野菜を作ることを続けて欲しいとおっしゃっていました。おばあちゃんのお花はとても綺麗でファンも多いし、Aの畑は売らないで欲しい、と。

おじいちゃんは不動産が多く金融資産がないため、みなさんの納税資金の不足を心配され、農地Bを涼子さん、忍さん、智美さんの3人共有にして売却して納税資金としたらいいとお考えでした。

 それはありがたいわ。でも、駿一さんは？

駿一さんには、生前に贈与をしてあり、相続のときにはもらわないというお約束になっているんです。

 そうなの。

みなさん、相続する内容に異論ございませんでしょうか？

そうね、私はみんなの好きにしたらいいと思うわ。

私もここに住めるなら。

私も駐車場をもらえるなら駐車場の賃料がおこづかいになるし、これでいいです。

・・・・・　小規模宅地等の特例をどの土地に適用するか　・・・・・

ありがとうございます。おじいちゃんも喜んでらっしゃると思います。ここで、みなさんにご相談なのですが。

相続税負担を抑えるために小規模宅地等の特例という制度を適用したいのですが、この制度はおじいちゃんの自宅敷地、賃貸用物件の敷地、どれにも使えます。

じゃあ、駐車場にも使えるの？

はい。おじいちゃんの駐車場は、アスファルトが敷いてあるので使えます。おじいちゃんの土地は、農地以外は全部適用可能となりますが、小規模宅地等の特例は適用面積に制限があって、全てには適用できないんです。

おばあちゃんが農業相続人で農地 A を相続すると、納税猶予といって納税額が低くなる規定がありますので、そちらを適用した上で、小規模宅地等の特例を自宅敷地に適用した税額と、駐車場に適用した税額を記載してあります。

財産内容	評価額	花(配偶者)	涼子(養子)	忍(代襲相続人・孫養子)	智美(長女)	瞳(愛人)	洋介(非嫡出子)	駿一(前妻の子)
自宅	6,000,000	6,000,000						
自宅敷地	130,000,000	30,000,000	40,000,000	60,000,000				
アパートA	38,500,000	38,500,000						
アパートA敷地	61,500,000	61,500,000						
アパートB	38,500,000						38,500,000	
アパートB敷地	61,500,000						61,500,000	
農地A	100,000,000	100,000,000						
農地B	80,000,000		20,000,000	40,000,000	20,000,000			
駐車場	30,000,000				30,000,000			
車両	2,000,000				2,000,000			
生命保険	30,000,000					30,000,000		
相続時精算課税	50,000,000							50,000,000
借入金	△28,000,000	△14,000,000					△14,000,000	
純財産額	600,000,000	222,000,000	60,000,000	100,000,000	52,000,000	30,000,000	86,000,000	50,000,000
税額	163,000,000	60,310,000	16,300,000	27,166,667	14,126,667	8,150,000	23,363,333	13,583,333
税額 [納税猶予]	140,449,947	60,023,106	12,766,165	21,276,942	11,064,010	6,383,083	18,298,170	10,638,471
税額 [納税猶予＋自宅敷地(に小規模)]	131,428,396	57,888,693	10,665,478	18,054,380	10,690,972	6,167,868	17,681,224	10,279,781
税額 [納税猶予＋駐車場(に小規模)]	137,032,698	59,699,913	12,608,606	21,014,344	8,826,024	6,304,303	18,072,336	10,507,172

自宅敷地に適用した方がみんなの税額は低くなるけれど、私の税額は駐車場に適用したときが一番低くなるのね。

そうなんです。でも、智美さんの場合、障害者手帳をお持ちなので税額控除があります。85 歳になるまでの年数に対して 20 万円控除がありますので、自宅に適用したとしても、実際に納付する税額はこの表から 600 万円下がります。

だったら、自宅敷地にしてもらって構わないわ。

ただ、障害者控除は相続ごとではなく、智美さんの人生の中で使える控除額に制限があります。今回使いはたしてしまうと次回は使えなくなるんです。

そうなのね。

それでもいいわ。次回は小規模とやらを私に優先的に考えてもらいたいって主張するから。

承知いたしました。

賃貸用物件の敷地にも使えるなら、おばあちゃんとあちらさんが相続するアパートの敷地にも使えるんでしょう？

おばあちゃんは農地の納税猶予と、配偶者の税額軽減がありますので相続税は発生しないんです。洋介さんには、先日お会いしてきたのですが、そのときに H 家の方で小規模宅地等の特例を適用していいとおっしゃっていただいています。

そうなの。それならよかった。

では、このあと申告や登記、土地の売却など、相続手続きがいろいろあってバタバタいたしますが、どうぞよろしくお願いいたします。

ただいま戻りました。

 お帰りなさい！

 H家のみなさんの反応はどうでした？

びっくりされたけれど、こっちもびっくりしたよ。おばあちゃんは愛人の存在を知っていたんだ。

 えええええ!?

おじいちゃんはバレてないと思っていたようだけど、女性の勘は恐ろしいね。

 おばあちゃん、よく離婚しなかったですね。

ご長男を亡くされた後、おじいちゃんは愛人と別れているんだよ。おじいちゃんは自分が勝手なことばかりしているからこんな不幸がおこったのではないかと苦しんでいた。それにおばあちゃんは気づいていたんだよ。

そうだったんですね。

懸念されていた、小規模宅地等の
特例の適用土地はどうなりました？

作戦がうまくいって、自宅敷地になったよ。

作戦？

作戦というのもおおげさだけど、財産の評価額と税額の一覧を見
せたんだ。その税額にはわざと障害者控除を記載しなかったんだ。

相続人の個人的税額控除を含めると財産の評価額と税額のつり
合いがわからなくなるという難点もあるしね。

取得財産の評価額と税額をみてもらって、長女の智美さんが相
続する駐車場に小規模宅地等の特例を適用すると、みんなの税
額が高くなることを見せて、そのあとで実は障害者控除で税額
はかなり低く抑えられることを伝えたのさ。

なるほど。

愛人のお子さんは小規模宅地等の特例を使いたいとおっしゃら
なかったんですか？

うん。納税分のお金は、おじいちゃんが老人ホームに入居する前まで、毎年少しずつ贈与してあったしね。Ｈ家の負担が少ない方にしていいと言ってもらえた。

おじいちゃん、用意周到ですね。

そりゃ、僕がついていたんだもの（ドヤ顔）。

そうですよね（笑）。

でも、さみしいよ。おじいちゃんの希望どおり、円満に事が成ったけれど、一番喜んでくれるはずのおじいちゃんがいないんだ。おじいちゃんの希望が叶ったよ、って報告したいのに……。

納税猶予は終身営農

あとは、みんなが納税できるように農地Ｂの売却を進めないと。

連帯納付義務の心配もありますしね。

うん。納税が終わったら僕の方に一報をもらえるようには伝えてあるよ。前妻の子である駿一さんが一番心配だな。

相続時精算課税の怖いところですね。

あとは、H家の場合は、おばあちゃんが納税猶予を受けるから3年ごとの届出もあるし、営農を続けなきゃだからずっと気にかけていなきゃいけない。

 そうか。生産緑地の納税猶予は終身営農ですもんね。

昔、あるお客様で納税猶予を受けている土地に砂利をひいて駐車場として貸してしまっていて、焦って所長とスコップを持って畑に戻しに行ったこともあるよ。

 そんなこともあるんですか 💦

ものすごい額の税金と利子税がふってきちゃうのに、言ったって忘れちゃう人もいるんだよね。

  相続こわーい 💦

column

収用ってなんだろう？

　収用とは、国・地方公共団体などが、公共的施設や道路、公園などを造るといった公共の目的のために、土地などの特定物の所有権その他の権利を強制的に取得することです。所有者は補償金をもらえます。

　無計画な宅地化が進むと、道路がせまい、公園がない、排水が悪いなどといった問題のある町となってしまいます。このような状況を解決するために区画整理が行われます。この区画整理を行うために、地域の方たちの土地や建物を国などが強制的に収用し（買い取り）、道や公園などを造ります。

　国などによる収用に地域住民が協力してくれるように、税制上のメリットがあります。収用の5,000万円控除（租税特別措置法第33条の4）です。

　公共事業の施行者から受け取った補償金などのうち、この5,000万円の特別控除の特例の対象となるのは、原則として、土地の買取り、建物の買取り、取壊し、立木の伐採・除去のような「対価補償金」に限られます。

　この特別控除の特例は、同じ公共事業で2以上の年にまたがって収用される場合は最初の年だけしか受けられません。その後の収用に対して5,000万円控除を適用できなくなってしまいますので、収用補償金を受け取るときは気を付けてください（通常、公共事業者の施行者は、納税者にとって一番大きな物件の収用が最初にくるように考慮してくれます）。対価補償金以外にも様々な補償金がありますので、以下を参考にしてください。

●主な収用補償金の課税区分一覧表

補償金の種類		税法適用上の区分	所得区分	摘要
土地の取得に係る補償		対価補償金	分離譲渡所得	棚卸資産を除きます。
土地に関する所有権以外の権利の消滅に係る補償				
建物等の移転料	建物移転料	移転補償金	一時所得	実際に建物等を取り壊した場合には、対価補償金として分離譲渡所得とすることができます。ただし、棚卸資産を除きます。
	工作物移転料			
動産移転料		移転補償金	一時所得	交付の目的に従って支出した場合には、総収入金額に算入しません。
仏壇・神棚移転料				
仮住居補償				
仮倉庫補償				
仮車庫補償				
家賃減収補償		収益補償金	不動産所得	－
借家・借間人補償		対価補償金	総合譲渡所得	－
墳墓改装料		精神補償金	非課税	－
弔祭料				
祭祀料（遷座祭典料）				
移転雑費	移転先等の選定に要する費用	移転補償金	一時所得	交付の目的に従って支出した場合には、総収入金額に算入しません。
	法令上の手続に要する費用			
	転居通知費・移転旅費			
	その他雑費	補償の実体的な内容に応じて判定		
就業不能補償		収益補償金	事業又は雑所得	－
立木	庭木	移転補償金	一時所得	伐採をした場合は総合譲渡所得
	用材林	対価補償金	山林所得	所有期間が5年を超えるもの
	収穫樹	移転補償金	一時所得	伐採をした場合は総合譲渡所得
営業補償		収益補償金	事業又は雑所得	－
特産物補償				－
天恵物補償				－
飲料水補償		その他の補償金	一時所得	－
し尿処理補償				－

（出典：関東信越国税局・税務署「事前協議の手引」（令和 2 年 7 月））

2.贈与税

相続税は贈与税もわかっていないと仕事にならないから、これも軽く見ておこう。

・・・・・・・・・・・・・・・・・ 暦年課税 ・・・・・・・・・・・・・・・・・

暦年課税は、個人が暦年（1月1日から12月31日）に他の個人から財産の贈与を受けた場合に課税される。基礎控除額110万円があるから、110万円を超えると税額が発生するよ。

暦年課税は、税率が一般贈与財産と特例贈与財産に分かれる。

一般贈与財産と特例贈与財産の税率一覧表

●一般贈与財産

基礎控除後の課税価格	税率	控除額
200万円以下	10%	―
300万円以下	15%	10万円
400万円以下	20%	25万円
600万円以下	30%	65万円
1,000万円以下	40%	125万円
1,500万円以下	45%	175万円
3,000万円以下	50%	250万円
3,000万円超	55%	400万円

●特例贈与財産

基礎控除後の課税価格	税率	控除額
200万円以下	10%	―
400万円以下	15%	10万円
600万円以下	20%	30万円
1,000万円以下	30%	90万円
1,500万円以下	40%	190万円
3,000万円以下	45%	265万円
4,500万円以下	50%	415万円
4,500万円超	55%	640万円

特例贈与財産は直系尊属（祖父母や父母など）から、贈与を受けた年の 1 月 1 日現在で 20 歳※以上の直系卑属が贈与された財産。一般贈与財産はそれ以外。つまり、兄弟間や他人、20 歳※未満の直系卑属への贈与。

※　令和 4 年 4 月 1 日以後は 18 歳

なんで直系間の贈与は税率が低くなっているんですか？

景気対策だよ。高齢者の保有資産を若年世代へ移転させて、消費拡大や経済活性化を狙っているんだ。

相続時精算課税の創設と同じ理由ですね。

・・・・・・・・・　暦年課税の贈与税の計算の仕方　・・・・・・・・・

贈与税って、もし祖父、祖母、父、母の 4 人から 100 万円ずつもらったら、それぞれ 110 万円以下だから贈与税はかからないんですか？

いや、4 人分を合計して、400 万円と 110 万円を比べるから贈与税はかかるんだよ。

そうなんですね

勘違いしやすいところだよね。

···· **一般贈与財産と特例贈与財産どちらもある場合** ····

直系尊属と他人とで税率が変わりますけど、その場合どうやって計算するんですか？

全部がどちらかの財産であると仮定して、按分計算するんだ。一般贈与財産が100万円、特例贈与財産が400万円の場合を見てみよう。

まず、合計価額500万円、全ての贈与財産を「一般贈与財産」として税額計算する。

500万円 － 110万円 ＝ 390万円
390万円 × 20% － 25万円 ＝ 53万円

算出した税額に、一般贈与財産／全ての贈与財産を掛けて一般贈与財産の税額を計算する。

53万円 × 100万円 / （100万円＋400万円）＝ 10.6万円…①

次に合計価額500万円を全て「特例贈与財産」として税額を計算する。

500万円 － 110万円 ＝ 390万円
390万円 × 15% － 10万円 ＝ 48.5万円

算出した税額に、特例贈与財産／全ての贈与財産を掛けて一般
贈与財産の税額を計算する。

48.5 万円 × 400 万円 /（100 万円＋ 400 万円）＝ 38.8 万円…②

①と②を足した額が贈与税額となるよ。

① 10.6 万円 ＋ ② 38.8 万円 ＝ 49.4 万円……贈与税額

贈与税も仮定計算があるんですね。

・・・・・・・・・・・・・・・・・ 相続時精算課税制度 ・・・・・・・・・・・・・・・・・

相続時精算課税制度は、60 歳以上の親や祖父母から 20 歳以
上（令和 4 年 4 月 1 日から 18 歳以上）の子どもや孫への生前
贈与に対して適用される。受贈者がこの制度を選択するという
届出をする必要がある。

受贈者が届出を出すと、それ以降の贈与は全て相続時精算課税
となるんですか？

届出に記載した贈与者と受贈者間の贈与だけが対象だよ。父と
は相続時精算課税、母とは暦年贈与で、と別々に贈与を受ける
ことができる。

こちらは人ごとなんですね。

 相続時精算課税は一度選択すると二度と暦年贈与には戻れないから注意が必要。景気刺激策として創設された制度だから、金額も大きくて 2,500 万円まで税額は発生しない。

 2,500 万円を超えるとどうなるんですか?

 超過分に一律 20％の贈与税が課税されるよ。

 相続時精算課税は相続時に相続財産として相続税の対象となる。相続発生時の財産と相続時精算課税分を足した額が相続税の基礎控除以上の場合は、節税とはならない。

 ?

 財産総額が 3,000 万円＋ 600 万円×法定相続人の数以下なら、2,500 万円まで相続時精算課税で贈与すれば贈与税も相続税もかからないでしょ。

 なるほど。財産を先に渡したいときに贈与税がかからなくて、相続税は基礎控除以下だからかからないのね。

 だから、資産家はあまりメリットを感じないんだよね。

夫婦の間で居住用の
不動産を贈与したときの配偶者控除

相続対策でよく使われるのが、婚姻期間が 20 年以上の夫婦の間で、居住用不動産又は居住用不動産を取得するための金銭の贈与が行われた場合、基礎控除 110 万円のほかに最高 2,000 万円まで控除 (配偶者控除) できるという特例だよ。

2,110 万円は大きいですね。

この夫婦間贈与は、控除で贈与税が 0 円でも、不動産取得税や登録免許税が発生する。相続なら不動産取得税はかからないし、登録免許税は税率が低い。相続で取得するより出費がかさむんだ。

相続税で、配偶者には配偶者の税額軽減があるし、小規模宅地等の特例だってある。夫婦間贈与をするのが本当に有利かどうかの見極めが大切。

相続税のシミュレーションが必要ですね。

居住用不動産なら「持戻し」なし

配偶者の老後の生活を安定させるため、だったら夫婦間贈与もやる意義はあるよね。

？

前は、夫婦間贈与は居住用不動産や居住用不動産の取得のための資金を贈与すると持戻しの対象になっていたんだけどね。

持戻しって何ですか？

相続人間の公平を保つために、特別受益と呼ばれる住宅取得資金の贈与や結婚持参金とか、医学部の学費や留学費用などの**受益分を相続財産に加算して遺産分割するように民法は定めている**んだ。計算方法を見てみようか。

相続発生時の財産が 4,000 万円で生前に夫婦間贈与をしていた場合

相続人	配偶者と子
夫婦間贈与	2,000 万円
相続発生時遺産額	4,000 万円
配偶者の相続分	（夫婦間贈与 2,000 万円＋相続発生時遺産額 4,000 万円）× 1/2 －夫婦間贈与 2,000 万円＝ 1,000 万円

これだと、相続のときには配偶者は 1,000 万円しかもらえないんですね。

通常、夫婦間贈与が行われるのは被相続人の配偶者への長年の貢献への感謝、老後の生活保障のためなのに、持戻しされてしまうと配偶者の生活が危うい。そこで、民法が改正されて、令和元年 7 月 1 日以降の**居住用不動産の贈与の場合は持戻しの対象外**となったんだ。

持戻し対象外の場合の配偶者の相続分

相続発生時遺産額 4,000 万円× 1/2 ＝ 2,000 万円

それなら配偶者も安心ですね。

居住用不動産の**取得資金**贈与の場合は？

今回の民法改正でも、その場合は持戻しの対象なんだよ。

金銭だと持戻しなのか💧

・・・・・・・・・・　特別受益の持戻しに時効はない　・・・・・・・・・・

特別受益の持戻しは相続開始前 3 年より前の贈与も対象となる。時効がないんだ。

相続税の計算上は、相続開始前 3 年以内の贈与だけを計算に含めましたけど、特別受益の持戻しは過去にもらったものは全部、なんですね。

ただし、**遺留分を計算するときの特別受益の持戻し**は、民法改正で令和元年 7 月 1 日以降、**相続開始前の 10 年間の贈与に限定**されたよ。

・・・・・・・・　直系尊属から住宅取得等資金の贈与を
受けた場合の非課税　・・・・・・・・

父母や祖父母など直系尊属からの贈与により、住宅取得等資金の贈与を受けた場合、一定の要件を満たすときは、次の非課税限度額までの金額が非課税となる。

相続開始前 3 年以内にこの贈与特例を使っても、相続財産に含めなくていいから節税効果があるよ。

住宅用の家屋の新築等に係る対価等の額に含まれる消費税等の税率が 10% である場合

契約の締結日	省エネ等住宅	左記以外の住宅
平成31年 4 月 1 日～令和 2 年 3 月31日	3,000 万円	2,500 万円
令和 2 年 4 月 1 日～令和 3 年 3 月31日	1,500 万円	1,000 万円
令和 3 年 4 月 1 日～令和 3 年12月31日	1,500 万円※	1,000 万円※

※ 令和 3 年度税制改正による

上記以外の場合

契約の締結日	省エネ等住宅	左記以外の住宅
～平成27年12月31日	1,500 万円	1,000 万円
平成28年 1 月 1 日～令和 2 年 3 月31日	1,200 万円	700 万円
令和 2 年 4 月 1 日～令和 3 年 3 月31日	1,000 万円	500 万円
令和 3 年 4 月 1 日～令和 3 年12月31日	1,000 万円※	500 万円※

※ 令和 3 年度税制改正による

 どうして消費税率が 10% 以外のものがあるんですか？

経過措置で、 8 ％のときに契約していたものは、令和元年 10 月を過ぎて完成、引渡しでも 8 ％だからだよ。

令和 3 年度税制改正で、受贈者の所得が 1,000 万円以下の場合、床面積の下限が 50㎡から 40㎡になった。令和 3 年 1 月以降の贈与に適用されるから気をつけないとね。

・・・・・・・・・・・・・・・・　**養子縁組に注意**　・・・・・・・・・・・・・・・・

配偶者の親からの贈与は、養子縁組をしていないとこの特例は使えない。あと、養子縁組をした日付以降に贈与をしないとダメだから気を付けて。

親子関係が生じてからの贈与にしなきゃいけないんですね。

忍さんの妻を養子にしているのは、この特例を使う案があったからなんだ。でも、資金不足で頓挫してしまったんだよ。

もし忍さんと忍さんの妻、2人に贈与したら最高で6,000万円も相続財産からはずせますもんね。

・・・・・・・・　**教育資金の一括贈与を受けた場合の
贈与税の非課税制度**　・・・・・・・・

相続税の節税になる特例なら、
教育資金の贈与特例もありますよね？

教育資金の一括贈与を受けた場合の贈与税の非課税制度

　30歳未満の人（受贈者）が、教育資金に充てるため、金融機関等との一定の契約に基づき、受贈者の直系尊属（贈与者）から
① 信託受益権を取得した場合
② 書面による贈与により取得した金銭を銀行等に預入をした場合又は
③ 書面による贈与により取得した金銭等で証券会社等で有価証券を購入した場合
その信託受益権又は金銭等の価額のうち1,500万円までの金額に相当する部分の価額については、取扱金融機関の営業所等を経由して教育資金非課税申告書を提出することにより、受贈者の贈与税が非課税となる。

前は相続開始前3年以内にこの特例を使って贈与をしても、相続財産に足し戻す必要がなかったけれど、平成31年度税制改正で、相続開始前3年以内に贈与した金額のうち、使いきれなかった残額がある場合、相続財産に含めることになった。

さらに、令和3年度税制改正では3年経過している贈与であっても残額を相続財産に含めるとされたよ。

直前贈与の残額どころか残額が全部相続財産に含まれるなんて、使い勝手が悪くなりましたね。

でも、以下に該当する場合は除外されるから、そんなに打撃はないかな?

受贈者が
① 23歳未満である場合
② 学校等に在学している場合
③ 教育訓練給付金の支給対象となる教育訓練を受けている場合

孫に贈与だった場合、2割加算ですか?

前は2割加算はないとされていたけれど、令和3年度税制改正で2割加算の対象となってしまった。

·········· **23 歳以上の習い事費用は除外** ··········

教育資金の範囲はけっこう広くて、高校、大学の学費の他、スポーツクラブや塾、ピアノや絵画の習い事の費用、それに付随する物品の購入費及び施設の利用料も含んでいるけれど、平成 31 年度の改正で 23 歳以上の子の習い事系は除外されてしまったんだ。

え、改正後に贈与する人だけですか？

いや、令和元年 7 月 1 日以後に支払われる教育資金について適用だから、すでにスタートしていた人も一律なんだ。

なんか、遡及適用っぽいなあ。

····· **受贈者が 30 歳を超えても学校に通学中なら
継続して非課税** ·····

平成 31 年度の改正前は、受贈者が 30 歳になった時点での残高に贈与税がかかったけれど、改正後は 30 歳になった時点でまだ学校に通っている場合や教育訓練を受けている場合は非課税が継続されることになった。

いつまで非課税が続くんですか？

学校に通った日のなかった年の年末か、受贈者が 40 歳になった日のいずれか早い日だよ。

学校に通った日のなかった年？

卒業した年の次の年だよ。令和2年3月に卒業したなら令和3年のこと。令和3年中に40歳になっていなければその年の年末までだね。

·········· もともと教育資金は「非課税」 ··········

この特例のおいしいところは、贈与したら、たとえ相続開始前3年以内贈与でも相続財産に足し戻す必要がないところだったはずなのに。

除外されるケースの方が多いだろうけど、あまり無理して使う必要もないよね。もともと教育資金の贈与は非課税なんだから。

そうなんですか？

教育費として必要な都度、必要なだけの贈与なら非課税なんだよ（相続税法基本通達21の3-5）。

まとめて、は贈与税がかかるんですね。

·········· 養育費の一括渡しも贈与税 ··········

一括で渡すと、他のことに使ってしまうかもしれない。だから、その都度、その使途に使うのであれば非課税とされている（相続税法第21条の3第1項、相続税法基本通達21の3-5）。これは離婚のときの養育費にも当てはまるよ。

養育費もその都度もらえばいいんですね……って、それって大変じゃないですか!?

?

だって、離婚するのよ？　できれば一括でもらって、あとはあまり関わりたくないじゃない？

そ、そうか🔔　確かにそうだね。

それが人情だと僕も思うんだけど、それは贈与税がかかってしまうんだよ。

・・・・・・・・・　こんなものも贈与です　・・・・・・・・

一括だと養育費が贈与になるとはショックです。

こんなのもあるよ。これは贈与になるかな？

母親が息子に 500 万円あげました。

もちろんなりますよね。

そうだね。じゃあ、これは？

息子が住むために母親が 5,000 万円のマンションを買いました。登記のとき息子の持ち分が入っていないと気が引けるだろうと、母親は息子の持ち分を１／２入れてあげました。

ええと、持ち分を入れた……？

これも贈与なんだよ。持ち分と言われると一瞬迷うでしょ？

はい 🎤

現金やモノをもらったのなら贈与のイメージはつきやすいけれど、権利となるととたんにイメージがつきにくくなるんだ。

母親の借地している底地を 子どもが買い取ると？

借地権者は母親で、息子が一緒に住んでいるところへ地主さんが亡くなって、底地を買ってほしい、って言ってきたとしよう。今までは地代を払ってきたけれど、母親は底地を買うことを決意。

金融機関に借入れをしようとしたら、返済能力がないとして渋られた。そこで、所得のある子どもが底地を購入することになった。地主は子どもになり、母親は子どもに地代を支払わなくなる。

まあ、親子だし一緒に住んでいれば地代を支払うことはしないですよね。

そうすると、母親から子どもに借地権の贈与があったとみなされるんだ。

えぇ？

これまでの賃貸借から使用貸借に変わってしまった。借地権は、建物所有を目的とする賃借権であって、無償もしくは固定資産税程度の地代の支払いでは借地権は消滅してしまうんだよ。

地代の支払いをしないということは、借地権を放棄したことになってしまうのか

そう。母親は借地権を子どもにあげたことになってしまうんだ。

借地権って、けっこうしますよね？

贈与税を払わないといけないんですか？

借地権者である母親と、息子（地主）が連名で**「借地権者の地位に変更がない旨の申出書」**を税務署に提出すると、贈与はしていない意思表示となり、贈与税は発生しないよ。

ああ、よかった。

これ、知らないと気づかないですよ

権利は目に見えないから難しいよね。

エピローグ

令和3年度税制改正大綱では、相続時精算課税制度と暦年課税のあり方を見直すとあったよ。

この2つ、何か問題があるんですか？

ともかく景気を良くしたい国としては、高齢世代から若年世代に資産を移転して消費してもらいたいけれど、暦年贈与は税率が高過ぎて景気の刺激となるような多額の生前贈与は行われにくい。

一方で、富裕層が年月をかけて低い税率で暦年贈与を続けることで相続税負担から逃れている事実がある。

暦年課税は国にとっては都合が悪いですね。

そういうことになる。税制改正大綱では「資産移転の時期の選択に中立的な税制の構築に向けて、本格的な検討を進める」と書かれていたよ。

国としては暦年課税をなくす方向で考えているのか。

税法っていつも変わっていくんですね。

ほんとに。
僕が受験勉強していたときの内容ともすでに変わっているし。

そうだね。特に税法はその時代の要請を反映するから、他の法律よりも変わりやすいね。

民法が変わって相続税法も変わるのが僕は新鮮に感じたなあ。20歳で成年だったのが18歳に変わるって、いろんなところに影響があるって、そりゃ当たり前なんだけど。

ただでさえ知識が足りないのに、どんどん税法が変わって新しいものができて……こんな難しい仕事についてしまって、自分がやっていけるのか不安です。

最初は全てが新しいからね。どんな内容でも、初めて学ぶときは難しく感じるよ。だから、慣れるようにするんだ。

慣れるようにする?

今回、相続を見たでしょ? いい機会だから初心者用や一般向けのような簡単な相続税の本を何冊か読んでごらん。何度も同じ単語に触れることでその言葉、内容に慣れるし、同じ事柄に対する違う説明を読むことで一気に視界が開けることがある。

試験勉強でも理解が深まるのは1度目より2度目ですね。仕事も同じかあ。

新しい規定ができたとき、規定が変わったときは、その規定について書かれたコラム記事なんかをいくつも読むんだ。勉強と一緒で、先に答えを見てから条文や通達を読む方が理解は早いし嫌にならない。

初めてのことって受け入れにくいじゃない？　スマホなんかも、新機種にして嬉しいけど使い方がわからなくてイライラするとか。

あるある。

でも、何日かすれば難なく使いこなせるようになって快適になる。それって、新しいスマホに慣れたからだよ。勉強も仕事も同じ。新しいことには慣れるしかない。慣れるには、触れる回数を増やすのが一番。

勉強も仕事も「慣れる」ことが大切なんですね！

スマホと勉強が同じとは気づかなかったなあ。

今は税金系の動画もあるから、ともかく何度も見たり聞いたり読んだりして、慣れる。慣れてしまえば、もうその規定は8割がた自分のものになっているだろうからね。

今まで、本を読むとき勉強するときって、覚えなきゃ、って身構えていたんですけど、まず慣れようと思えば勉強するときの心理的なハードルがちょっと下がりますね。

確かに。一気に理解しようと力まずに、まず触れて慣れる。税法もスマホと一緒！

著者紹介

高山　弥生（たかやま　やよい）

　ベンチャーサポート相続税理士法人所属税理士。

　1976年埼玉県出身。

　一般企業に就職後、税理士事務所に転職。顧客に資産家を多く持つ事務所であったため、所得税と法人税の違いを強く意識。「顧客にとって税目はない」をモットーに、専門用語をなるべく使わない、わかりやすいホンネトークが好評。

　自身が税理士事務所に入所したてのころに知識不足で苦しんだ経験から、にほんブログ村の税理士枠で常にランキング上位にある人気ブログ『3分でわかる！会計事務所スタッフ必読ブログ』を執筆している。

　著書に『税理士事務所に入って3年以内に読む本』『税理士事務所スタッフが社長と話せるようになる本』『個人事業と法人　どっちがいいか考えてみた』『フリーランスの私、初めて確定申告してみた』『消費税＆インボイスがざっくりわかる本』（税務研究会出版局）がある。

『3分でわかる！会計事務所スタッフ必読ブログ』
はこちらから▶

本書の内容に関するご質問は、FAX・メール等、文書で編集部宛にお願い致します。

　ご照会に伴い記入していただく個人情報につきましては、回答など当社からの連絡以外の目的で利用することはございません。当社の「個人情報の取扱いについて」（https://www.zeiken.co.jp/privacy/personal.php）をご参照いただき、同意された上でご照会くださいますようお願い致します。

FAX：03-6777-3483

E-mail：books@zeiken.co.jp

なお、個別のご相談は受け付けておりません。

税理士事務所スタッフは見た！　ある資産家の相続

令和3年3月3日　　初版第1刷発行	（著者承認検印省略）
令和4年7月7日　　初版第2刷発行	

ⓒ著者　　　　　高 山 弥 生

発行所　　　　税 務 研 究 会 出 版 局

週刊「税務通信」「経営財務」発行所

代表者　　　　山 根　　毅

〒100-0005

東京都千代田区丸の内1-8-2　鉄鋼ビルディング

https://www.zeiken.co.jp

乱丁・落丁の場合は、お取替え致します。　　　イラスト　夏乃まつり

印刷・製本　テックプランニング株式会社

ISBN978-4-7931-2602-4